Raciocínio Lógico-Matemático

Série
Provas & Concursos

Exercícios Comentados

Daniel Lustosa

Abril EDUCAÇÃO

AlfaCon Concursos Públicos

Produção:
Biotempori Escrita e Imagem

Edição:
Elvira Souza de Sampaio

Revisão:
Maria Lúcia de Almeida Furquim

Diagramação/Capa:
Luciano de Sampaio Soares

Imagem de Capa:
Acervo AlfaCon

L99r

LUSTOSA, Daniel. **Raciocínio Lógico-Matemático** – Exercícios Comentados. Editora AlfaCon: Cascavel, 2015.

136 p. 17 x 24 cm

ISBN: 978-58-8339-144-9

1. Proposições. 2. Argumentos. 3. Teoria dos Conjuntos. 4. Análise Combinatória. 5. Probabilidade. 6. Psicotécnicos. 7. Provas e Concursos. 8. Exercícios Comentados. 9. Simulados.

CDU 510.16

Abril EDUCAÇÃO

AlfaCon Concursos Públicos

Daniel Lustosa

Professor de Matemática, Raciocínio Lógico-Matemático e Física.

Professor de curso preparatório para concursos desde 2009 no AlfaCon – Abril Educação.

Obteve aprovações em vários concursos realizados em diversas cidades, nas áreas administrativa, educacional, de saúde e de segurança.

Palavras do Autor

O objetivo desta obra é promover a capacitação do aluno, no sentido de auxiliá-lo a entender e resolver as questões de Raciocínio Lógico-Matemático aplicadas em concursos públicos. Os exercícios selecionados são comentados por meio de uma linguagem acessível, favorecendo a compreensão do conteúdo.

As questões selecionadas abordam os seguintes temas: proposições, argumentos, teoria de conjuntos, análise combinatória, probabilidade e psicotécnicos. Esta organização temática baseia-se na experiência em análise de provas de concursos ao longo dos anos.

Por isso, observe com atenção a forma como as questões são apresentadas pela Banca Organizadora e como elas foram pensadas e resolvidas. Desse modo, você assimilará a técnica de resolvê-las e logrará êxito na hora do seu concurso.

Já que a melhor forma de fixar um conteúdo é pelo método da resolução de exercícios, a obra traz simulados com diversas questões para você exercitar o conteúdo estudado e testar seus conhecimentos.

"A preparação é a diferença entre o sonho e a realidade."

Daniel Lustosa

Apresentação

O Raciocínio Lógico-Matemático – RLM – é fundamentado em dados que podem ser comprovados; logo, é uma ciência precisa e exata. Requer capacidade de organização do pensamento, podendo ser usado para justificar, analisar, argumentar ou confirmar algumas proposições, sendo desenvolvido com a resolução de exercícios que permitem a evolução de algumas habilidades mentais.

Neste volume são encontradas questões de Raciocínio Lógico-Matemático – RLM, aplicadas em diferentes concursos públicos em que esse conteúdo é exigido. As questões, produzidas pelas principais Bancas do país, vêm acompanhadas do gabarito e de comentários sobre sua resolução. Esperamos que o candidato possa fazer uma análise profunda e segura de seus conhecimentos, à medida que resolve as questões.

Sumário

Proposições

Na lógica sentencial, denomina-se proposição uma frase que pode ser julgada como verdadeira (V) ou falsa (F), mas não, como ambas. Assim, frases como "Como está o tempo hoje?" e "Esta frase é falsa" não são proposições porque a primeira é pergunta e a segunda não pode ser nem V nem F. As proposições são representadas simbolicamente por letras maiúsculas do alfabeto – A, B, C, etc. Uma proposição da forma "A ou B" é F se A e B forem F, caso contrário é V; e uma proposição da forma "Se A então B" é F se A for V e B for F, caso contrário é V. Um raciocínio lógico considerado correto é formado por uma sequência de proposições tais que a última proposição é verdadeira sempre que as proposições anteriores na sequência forem verdadeiras. Considerando as informações contidas no texto acima, julgue o item subsequente.

01) **(CESPE – Adaptada)** Na lista de frases apresentadas a seguir, há exatamente três proposições.

— "A frase dentro destas aspas é uma mentira."

— A expressão X + Y é positiva.

— O valor de + 3 = 7.

— Pelé marcou dez gols para a seleção brasileira.

— O que é isto?

Gabarito: Errado

Comentário: A primeira frase não é proposição já que tem sentido contraditório (duplo sentido), o que admite ter os dois valores lógicos ao mesmo tempo, e, pelo princípio da não contradição, uma proposição não pode ter os dois valores ao mesmo tempo.
A segunda frase não é proposição, pois não se sabe os valores de X e Y, sendo essa frase uma sentença aberta, e sentenças abertas não são proposições.
A terceira frase é proposição já que pode ser classificada em apenas um único valor (falsa).
A quarta frase é proposição, pois tem sujeito, verbo, sentido e pode ser classificada em um único valor.
A quinta frase não é proposição já que perguntas (sentenças interrogativas) não são proposições.

Entende-se por proposição todo conjunto de palavras ou símbolos que exprimem um pensamento de sentido completo, isto é, que afirmam fatos ou exprimam juízos a respeito de determinados entes. Na lógica bivalente, esse juízo, que é conhecido como valor lógico da proposição, pode ser verdadeiro (V) ou falso (F), sendo objeto de estudo desse ramo da lógica apenas as proposições que atendam ao princípio da não contradição, em que uma proposição não pode ser simultaneamente verdadeira e falsa; e ao princípio do terceiro excluído, em que os únicos valores lógicos possíveis para uma proposição são verdadeiro e falso. Com base nessas informações, julgue os itens a seguir.

02) **(CESPE – Adaptada)** A frase "Que dia maravilhoso!" consiste em uma proposição objeto de estudo da lógica bivalente.

Gabarito: Errada

Comentário: Sentenças exclamativas (exclamações) não são proposições.

03) **(CESPE – Adaptada)** Segundo os princípios da não contradição e do terceiro excluído, a uma proposição pode ser atribuído um e somente um valor lógico.

Gabarito: Certo

Comentário: Segundo os princípios citados na questão, e o próprio conceito de proposição, só se admitem dois valores lógicos, e esses só podem ser atribuídos à proposição de forma isolada, já que uma proposição ou é verdadeira ou é falsa, nunca podendo ter os dois valores ao mesmo tempo.

04) **(CESPE – Adaptada)** A sentença "Quem é o maior defensor de um Estado não intervencionista, que permite que as leis de mercado sejam as únicas leis reguladoras da economia na sociedade: o presidente do Banco Central ou o ministro da Fazenda?" é uma proposição composta que pode ser corretamente representada na forma $(P \vee Q) \wedge R$, em que P, Q e R são proposições simples convenientemente escolhidas.

Gabarito: Errado.

Comentário: Sentenças interrogativas não são proposições.

05) **(CESPE – Adaptada)** A sentença "A presença de um órgão mediador e regulador das relações entre empregados e patrões é necessária em uma sociedade que busca a justiça social" é uma proposição simples.

Gabarito: Certo.

Comentário: Proposição é toda sentença declarativa – com sujeito, verbo e sentido – que pode ser classificada em verdadeira (V) ou falsa (F). Proposições podem ser também simples ou compostas.

Proposição composta é aquela que possui mais de um verbo (exercendo a ação), pode ser dividida (as frases separadas têm que continuar com sentido) e tem conectivo lógico.

Na questão não é possível dividir a sentença, a qual, também, não tem conectivo lógico.

Logo, a sentença da questão é uma proposição simples.

06) **(CESPE – Adaptada)** A sentença "O crescimento do mercado informal, com empregados sem carteira assinada, é uma consequência do número excessivo de impostos incidentes sobre a folha de pagamentos" pode ser corretamente representada, como uma proposição composta, na forma $P \rightarrow Q$, em que P e Q sejam proposições simples convenientemente escolhidas.

Gabarito: Errado.

Comentário: Proposição é toda sentença declarativa – com sujeito, verbo e sentido – que pode ser classificada em verdadeira (V) ou falsa (F). Proposições podem ser também simples ou compostas.

Proposição composta é aquela que possui mais de um verbo (exercendo a ação), pode ser dividida (as frases separadas tem que continuar com sentido) e tem conectivo lógico.

Na questão não é possível dividir a sentença, a qual, também, não tem conectivo lógico.

Portanto, essa sentença é uma proposição simples.

Obs.:

O fato de nas questões 5 e 6 aparecere os termos – "é necessária" e "é uma consequência" –, que sugerem o uso do conectivo condicional, não dá para dizer que essas sentenças são proposições compostas, pois, ao tentar reescrevê-las com esse conectivo, elas não teriam sentido.

Para as questões 7 a 11

Considere que as letras P, Q, R e T representem proposições e que os símbolos ~, ∧,∨e → sejam operadores lógicos que constroem novas proposições e significam não, e, ou e então, respectivamente. Na lógica proposicional, cada proposição assume um único valor (valor-verdade), que pode ser verdadeiro (V) ou falso (F), mas nunca ambos.

Considere as sentenças abaixo.

I – Fumar deve ser proibido, mas muitos europeus fumam.

II – Fumar não deve ser proibido e fumar faz bem à saúde.

III – Se fumar não faz bem à saúde, deve ser proibido.

IV – Se fumar não faz bem à saúde e não é verdade que muitos europeus fumam, então fumar deve ser proibido.

V – Tanto é falso que fumar não faz bem à saúde como é falso que fumar deve ser proibido; consequentemente, muitos europeus fumam.

Considere também que P, Q, R e T representem as sentenças listadas a seguir.

— *P: Fumar deve ser proibido.*

— *Q: Fumar deve ser encorajado.*

— *R: Fumar não faz bem à saúde.*

— *T: Muitos europeus fumam.*

Com base nas informações acima e considerando a notação introduzida no texto, julgue os itens seguintes.

07) **(CESPE – Adaptada)** A sentença I pode ser corretamente representada por P∧(~T).

Gabarito: Errado.

Comentário: Como já existem as letras que representam cada uma das proposições simples, a sentença I estaria corretamente representada por P∧T, uma vez que o "mas" é sinônimo de "e" e não precisa negar a proposição T.

08) **(CESPE – Adaptada)** A sentença II pode ser corretamente representada por (~P)∧(~R)

Gabarito: Certo.

Comentário: Veja que as duas proposições simples foram negadas – de acordo com a representação da questão – e o conectivo utilizado foi o "e".

09) **(CESPE – Adaptada)** A sentença III pode ser corretamente representada por R→P.

Gabarito: Certo.

Comentário: As letras que representam as proposições simples estão corretas e o "se" indica o condicional.

10) **(CESPE – Adaptada)** A sentença IV pode ser corretamente representada por (R∧(~T))→P.

Gabarito: Certo.

Comentário: O "não é verdade" indica negação, além disso, entre "se..., então" e "e" numa mesma proposição, deve-se lembrar de que o "e" vai ser valorado primeiro, por isso foi colocado entre parênteses.

11) **(CESPE – Adaptada)** A sentença V pode ser corretamente representada por $T \rightarrow ((\sim R) \wedge (\sim P))$.

Gabarito: Errado.

Comentário: O termo "é falso" também indica negação e, juntando as duas proposições que tem "é falso", o conectivo utilizado será o "e". "Consequentemente" dá ideia de condição (condicional) e tudo que estiver antes dele será antecedente e tudo que estiver depois dele será consequente. Logo, a representação correta da proposição composta é $((\sim R) \wedge (\sim P)) \rightarrow T$.

Texto para os itens 12 e 13

Proposições são sentenças que podem ser julgadas como verdadeiras – V – ou falsas – F –, mas não como ambas. Se P e Q são proposições, então a proposição "Se P então Q", denotada por P→Q, terá valor lógico F quando P for V e Q for F, e, nos demais casos, será V. Uma expressão da forma ~P, a negação da proposição P, terá valores lógicos contrários aos de P. P∨Q, lida como "P ou Q", terá valor lógico F quando P e Q forem, ambas, F; nos demais casos, será V.

Considere as proposições simples e compostas apresentadas abaixo, denotadas por A, B e C, que podem ou não estar de acordo com o artigo 5º da Constituição Federal.

A: A prática do racismo é crime afiançável.

B: A defesa do consumidor deve ser promovida pelo Estado.

C: Todo cidadão estrangeiro que cometer crime político em território brasileiro será extraditado.

De acordo com as valorações V ou F atribuídas corretamente às proposições A, B e C, a partir da Constituição Federal, julgue os itens a seguir.

12) **(CESPE – Adaptada)** Para a simbolização apresentada acima e seus correspondentes valores lógicos, a proposição $B \rightarrow C$ é V.

Gabarito: Errado.

Comentário: De acordo com o artigo 5º da Constituição Federal, a proposição "B" é verdadeira, mas a proposição "C" é falsa.

Na proposição composta por condicional, se o antecedente (B) é verdadeiro e o consequente (C) é falso, a proposição composta será falsa (único caso em que o condicional é falso).

Na questão:

$B \rightarrow C = V \rightarrow F = F$

Logo: $B \rightarrow C = F$

13) **(CESPE – Adaptada)** De acordo com a notação apresentada acima, é correto afirmar que a proposição $(\sim A) \rightarrow (\sim C)$ tem valor lógico F.

Gabarito: Errado.

Comentário: De acordo com o artigo 5º da Constituição Federal, a proposição "~A" é verdadeira, assim como proposição "~C" também é verdadeira.

Como na proposição, composta por condicional, a única maneira de ela ser falsa é se o "antecedente" for verdadeiro e "consequente" for falso, a proposição $(\sim A) \rightarrow (\sim C)$ será verdadeira:

$(\sim A) \rightarrow (\sim C)\ V \rightarrow V = V$

Portanto: $(\sim A) \rightarrow (\sim C) = V$

Para as questões 14 a 15

Considere que as letras P, Q, R e T representem proposições e que os símbolos ~, ∧,∨e → sejam operadores lógicos que constroem novas proposições e significam não, e, ou e então, respectivamente. Na lógica proposicional, cada proposição assume um único valor (valor-verdade), que pode ser verdadeiro (V) ou falso (F), mas nunca ambos.

Com base nas informações apresentadas no texto acima, julgue os itens a seguir.

14) **(CESPE – Adaptada)** Se as proposições P e Q são ambas verdadeiras, então a proposição (~P)∨(~Q) também é verdadeira.

Gabarito: Errado.

Comentário: Como P = V e Q = V, então ~P = F e ~Q = F, com isso:

(~P)∨(~Q)

F∨F = F

É importante lembrar que a proposição composta por **disjunção** será falsa sempre que as proposições que a compõem forem todas falsas.

Logo, a proposição (~P)∨(~Q) é falsa.

15) **(CESPE – Adaptada)** Se a proposição T é verdadeira e a proposição R é falsa, então a proposição R→(~T) é falsa.

Gabarito: Errado.

Comentário: Como T = V e R = F, então ~T = F, logo:

R→(~T)

F→F = V

Na proposição composta por **condicional,** se o antecedente for falso, a proposição composta será verdadeira independente do valor do consequente.

Portanto, a proposição R→(~T) é verdadeira.

16) **(CESPE – Adaptada)** Considere as seguintes proposições:

— p: Pedro é rico;

— q: Pedro é forte;

— r: É falso que Pedro é pobre ou forte.

Nesse caso, a proposição r pode ser escrita na forma simbólica como r: ~(~p∨q).

Gabarito: Certo.

Comentário: "É falso que" indica que tudo que vier depois dessa declaração será negado; "Pedro é pobre" é a negação de "Pedro é rico", logo, a forma simbólica da proposição está correta.

Texto para os itens 17 e 18

Proposições são sentenças que podem ser julgadas como verdadeiras ou falsas, mas não admitem ambos os julgamentos. A esse respeito, considere que A represente a proposição simples "É dever do servidor apresentar-se ao trabalho com vestimentas adequadas ao exercício da função", e que B represente a proposição simples "É permitido ao servidor que presta atendimento ao público solicitar dos que o procuram ajuda financeira para realizar o cumprimento de sua missão".

Considerando as proposições A e B acima, julgue os itens subsequentes, com respeito ao Código de Ética Profissional do Servidor Público Civil do Poder Executivo Federal e às regras inerentes ao raciocínio lógico.

17) **(CESPE - Adaptada)** A proposição composta "Se A então B" é necessariamente verdadeira.

Gabarito: Errado.

Comentário: "Se A então B" é A→B.

Observe que, de acordo com o Código de Ética Profissional do Servidor Público Civil do Poder Executivo Federal, a proposição "A" é verdadeira, porém a proposição "B" é falsa.

Na proposição composta por condicional, se o antecedente (A) for verdadeiro e o consequente (B) for falso, o condicional será falso, o que se tem na questão:

A→B = V→F = F

Logo: A→B = F.

18) **(CESPE - Adaptada)** Representa-se por ~A a proposição composta que é a negação da proposição A, isto é, ~A é falso quando A é verdadeiro e ~A é verdadeiro quando A é falso. Desse modo, as proposições "Se ~A então ~B" e "Se A então B" tem valores lógicos iguais.

Gabarito: Errado.

Comentário: Nesta questão analisa-se: ~A→~B = A→B (as proposições são equivalentes).

As duas equivalências com o condicional que existem são:

A→B = ~B→~A (equivalência contrapositiva)

ou

A→B = ~A∨B (equivalência do condicional com a disjunção).

Veja então que não existe essa equivalência proposta na questão.

Portanto: ~A→~B ≠ A→B.

Para as questões 19 a 23

Considere que P e Q sejam duas proposições que podem compor novas proposições por meio dos conectivos lógicos ~, ∧, ∨ e →, os quais significam "não", "e", "ou" e "se, então", respectivamente. Considere, ainda, que a negação de P, ~P (lê-se: não P) será verdadeira quando P for falsa, e será falsa quando P for verdadeira; a conjunção de P e Q, P∧Q (lê-se: P e Q) somente será verdadeira quando ambas, P e Q, forem verdadeiras; a disjunção de P e Q, P∨Q (lê-se: P ou Q) somente será falsa quando P e Q forem falsas; e a condicional de P e Q, P→Q (lê-se: se P, então Q) somente será falsa quando P for verdadeira e Q falsa. Considere, por fim, que a tabela-verdade de uma proposição expresse todos os valores lógicos possíveis para tal proposição, em função dos valores lógicos das proposições que a compõem. Com base nesse conjunto de informações, julgue os itens seguintes.

19) **(CESPE - Adaptada)** As proposições ~[(P→Q)∧(Q→P)] e (~P∧Q)∨(~Q∧P) possuem tabelas-verdade distintas.

Gabarito: Errado.

Comentário: Nesta questão leva-se em consideração se as proposições compostas não são equivalentes; para isso, pode-se tanto desenhar as tabelas verdades das duas proposições e observar se elas são ou não distintas, ou pode-se, também, verificar isso aplicando a negação das proposições compostas e as equivalências de proposições compostas. Observe:

- Na tabela-verdade:

P	Q	~P	~Q	P→Q	Q→P	(~P∧Q)	(~Q∧P)	[(P→Q)∧(Q→P)]
V	V	F	F	V	V	F	F	V
V	F	F	V	F	V	F	V	V
F	V	V	F	V	F	V	F	F
F	F	V	V	V	V	F	F	V

~ [(P→Q)∧(Q→P)]	(~P∧Q)∨(~Q∧P)
F	F
V	V
V	V
F	F

- Aplicando a negação das proposições compostas e as equivalências lógicas:

Genericamente ~(A∧B) = ~A∨~B e ~(A→B) = A∧~B, assim:

~[(P→Q)∧(Q→P)] = ~(P→Q)∨~(Q→P) = (P∧~Q)∨(Q∧~P)

Como (A∧B) = (B∧A) e (A∨B) = (B∨A), ao final fica:

~[(P→Q)∧(Q→P)] = (P∧~Q)∨(Q∧~P) = (~P∧Q)∨(~Q∧P).

Observe que tanto na tabela-verdade como com as equivalências e negações de proposições compostas as duas proposições são exatamente iguais.

20) **(CESPE – Adaptada)** A proposição ~(~P∧P) é verdadeira, independentemente do valor lógico da proposição P.

Gabarito: Certo.

Comentário: Nesta questão deve ser levado em consideração se a proposição em questão é uma tautologia (proposição composta que é sempre e/ou toda verdadeira, independente dos valores lógicos das proposições simples que a compõe).

Fazendo a tabela-verdade da proposição para saber se realmente ela é verdadeira, fica:

P	~P	(~P∧P)	~(~P∧P)
V	F	F	V
F	V	F	V

Veja que a proposição é verdadeira, independente do valor de P.

21) **(CESPE – Adaptada)** A proposição "Esta prova não está difícil ou eu estudei bastante" pode ser corretamente representada por ~P∨Q.

Gabarito: Certo.

Comentário: Veja que na proposição "Esta prova não está difícil ou eu estudei bastante" há duas proposições simples:

- Esta prova não está difícil;

- Eu estudei bastante.

Simbolicamente, essas proposições podem ser expressas por:
~P: Esta prova não está difícil (observe que tem um não na proposição).
Q: Eu estudei bastante.
Essas duas proposições estão ligadas pelo conectivo OU.
Dessa forma, pode-se representar a proposição "Esta prova não está difícil ou eu estudei bastante" na forma ~P∨Q.

22) **(CESPE – Adaptada)** Se P e Q representam as proposições "Eu estudo bastante" e "Eu serei aprovado", respectivamente, então, a proposição P→Q representa a afirmação "Se eu estudar bastante, então serei aprovado".

Gabarito: Certo.

Comentário: Observe:
P = eu estudo bastante.
Q = eu serei aprovado.
→ = conectivo condicional (se..., então)
P → Q = se eu estudo bastante, então eu serei aprovado.
Note que a frase está de acordo com o enunciado da questão.

23) **(CESPE – Adaptada)** Caso sejam verdadeiras as proposições P e Q, a proposição (~P∧Q)∨(~Q∧P) será verdadeira.

Gabarito: Errado.

Comentário: Utilizando os valores lógicos das proposições simples, dados na questão, o valor lógico da proposição composta fica:
P = V; ~P = F
Q = V; ~Q = F
Sendo assim:
(~P∧Q)∨(~Q∧P)
(F∧V)∨(F∧V)
F∨F = F
Lembre-se de que na proposição composta por **conjunção,** se uma das proposições for falsa, toda a conjunção será falsa, e que a proposição composta por **disjunção** só é falsa se todas as proposições que a compõem são falsas.

24) **(CESPE – Adaptada)** Suponha que A e B sejam enunciados falsos. Nesse caso, o enunciado ~[(~A∨B)∨(~B∨A)] é verdadeiro.

Gabarito: Errado.

Comentário: Considerando "enunciados" = proposições e utilizando os valores lógicos das proposições simples, dados na questão, o valor lógico da proposição composta fica:
A = F ⇒ ~A = V;
B = F ⇒ ~B = V.
Assim sendo:
~[(~A∨B)∨(~B∨A)] =
~ [(V∨F)∨(V∧F)] =
~ [V∨V] = ~[V] = F
É importante lembrar que a proposição composta por disjunção só é falsa se todas as proposições que a compõem são falsas.

25) **(CESPE – Adaptada)** A proposição "se 1 + 3 = 5, então 2 + 2 = 4" é falsa.

Gabarito: Errado.

Comentário: A proposição composta por condicional (se..., então) só será falsa se o antecedente for verdadeiro e o consequente for falso; nos demais casos o condicional é sempre verdadeiro.

Como "1 + 3 = 5" é falso e essa afirmação é o antecedente do condicional, então a proposição da questão é verdadeira. Veja na forma simbólica:

"se 1 + 3 = 5, então 2 + 2 = 4" = $A \rightarrow B$ = $F \rightarrow V$ = V.

26) **(CESPE – Adaptada)** Não é possível interpretar como V a proposição: $(P \rightarrow Q) \wedge (P \wedge \sim Q)$.

Gabarito: Certo.

Comentário: Nesta questão analisa-se se a proposição é uma contradição (proposição composta que é sempre e/ou toda falsa, independente dos valores lógicos das proposições simples que a compõe).

Fazendo a tabela-verdade da proposição para saber se isso acontece, fica:

P	Q	~Q	P→Q	P∧~Q	(P→Q)∧(P∧~Q)
V	V	F	V	F	F
V	F	V	F	V	F
F	V	F	V	F	F
F	F	V	V	F	F

Veja que a proposição tem somente o valor de falso, o que a faz ser uma contradição.

Para as questões 27 e 28

Uma proposição é uma afirmativa que pode ser avaliada como verdadeira (V) ou falsa (F), mas não ambos. É usual denotar uma proposição com letras maiúsculas: A, B, C. Simbolicamente, $A \wedge B$, $A \vee B$ e $\sim A$ representam proposições compostas cujas leituras são: A e B, A ou B e não A. A proposição $A \rightarrow B$ tem várias formas de leitura: A implica B, se A então B, A somente se B, A é condição suficiente para B, B é condição necessária para A, etc. Desde que as proposições A e B possam ser avaliadas como V ou F, então a proposição $A \wedge B$ é V se A e B forem ambas V, caso contrário, é F; a proposição $A \vee B$ é F quando A e B são ambas F, caso contrário, é V; a proposição $A \rightarrow B$ é F quando A é V e B é F, caso contrário, é V; e, finalmente, a proposição $\sim A$ é V quando A é F, e é F quando A é V.

Uma argumentação é uma sequência finita de k proposições (que podem estar enumeradas) em que as (k – 1) primeiras proposições ou são premissas (hipóteses) ou são colocadas na argumentação por alguma regra de dedução. A k-ésima proposição é a conclusão da argumentação.

Sendo P, Q e R proposições, considere como regras de dedução as seguintes: se P e $P \rightarrow Q$ estão presentes em uma argumentação, então Q pode ser colocada na argumentação; se $P \rightarrow Q$ e $Q \rightarrow R$ estão presentes em uma argumentação, então $P \rightarrow R$ pode ser colocada na argumentação; se $P \wedge Q$ está presente em uma argumentação, então tanto P quanto Q podem ser colocadas na argumentação.

Duas proposições são equivalentes quando tiverem as mesmas avaliações V ou F. Portanto, sempre podem ser colocadas em uma argumentação como uma forma de "reescrever" alguma proposição já presente na argumentação. São equivalentes, por exemplo, as proposições $A \rightarrow B$, $\sim B \rightarrow \sim A$ e $\sim A \vee B$. Uma argumentação é válida sempre que, a partir das premissas que são avaliadas como V, obtém-se (pelo uso das regras de dedução ou por equivalência) uma conclusão que é também avaliada como V.

Com base nas informações do texto anterior, julgue os itens que se seguem.

27) **(CESPE – Adaptada)** A proposição P: "Ser honesto é condição necessária para um cidadão ser admitido no serviço público" é corretamente simbolizada na forma A → B, em que A representa "ser honesto" e B representa "para um cidadão ser admitido no serviço público".

Gabarito: Errado.

Comentário: "... é condição necessária" indica que a proposição "P" é uma proposição composta pelo conectivo condicional.

Tudo que "é condição necessária" faz parte do consequente do condicional (o que está depois do símbolo do conectivo).

Como "ser honesto" é a condição necessária "para um cidadão ser admitido no serviço público", então a representação correta da proposição seria B→A.

28) **(CESPE – Adaptada)** Não é possível avaliar como V a proposição: (A→B)∧A∧(C∨~A∨~C).

Gabarito: Errado.

Comentário: Aqui leva-se em consideração se a proposição é uma contradição (proposição composta que é sempre e/ou toda falsa, independente dos valores lógicos das proposições simples que a compõe).

Fazendo a tabela-verdade da proposição para saber se realmente isso acontece, fica:

A	B	C	~A	~C	A→B	C∨~A∨~C	(A→B)∧A∧(C∨~A∨~C)
V	V	V	F	F	V	V	V
V	V	F	F	V	V	V	V
V	F	V	F	F	F	V	F
V	F	F	F	V	F	V	F
F	V	V	V	F	V	V	F
F	V	F	V	V	V	V	F
F	F	V	V	F	V	V	F
F	F	F	V	V	V	V	F

Veja que a proposição tem valores tanto de verdadeiro como de falso, o que a torna uma contingência, e não uma contradição.

29) **(CESPE – Adaptada)** Considere as seguintes proposições.

— (7 + 3 = 10)∧(5 – 12 = 7)

— A palavra "crime" é dissílaba.

— Se "lâmpada" é uma palavra trissílaba, então "lâmpada" tem acentuação gráfica.

— (8 – 4 = 4)∧(10 + 3 = 13)

— Se x = 4, então x + 3 < 6.

Entre essas proposições, há exatamente duas com interpretação F.

Gabarito: Errado.

Comentário: A primeira proposição é falsa, pois o conectivo utilizado é o "E" (conjunção), e, na conjunção, se uma das proposições simples for falsa toda a conjunção será falsa. Como 5 – 12 = 7 é falso (5 – 12 = -7) essa proposição é falsa.
A segunda proposição é verdadeira.
A terceira proposição é falsa, já que o "SE..., ENTÃO" (condicional) é falso sempre que o antecedente for verdadeiro e o consequente for falso. Nessa proposição, o antecedente é verdadeiro, porém o consequente é falso, já que lâmpada recebe acento gráfico por ser proparoxítona e não por ser trissílaba.
A quarta proposição é verdadeira, trata-se de uma conjunção e as duas proposições simples que a compõe são verdadeiras.
A quinta proposição é falsa, pois se x = 4, x + 3 = 7 (4 + 3 = 7), que é maior que 6, (o sinal "<" que dizer "menor que"). Essa proposição é um condicional em que o antecedente é verdadeiro e consequente é falso.

Para as questões 30 a 32

Uma proposição é uma frase afirmativa que pode ser avaliada como verdadeira (V) ou falsa (F), mas não se admitem, para a proposição, ambas as interpretações. Muitas proposições são compostas, isto é, são junções de outras proposições por meio de conectivos. Uma proposição é primitiva quando não é composta. Se P e Q representam proposições quaisquer, as expressões P∧Q, P∨Q e P→ Q representam proposições compostas, cujos conectivos são lidos, respectivamente, e, ou e implica. A expressão P→Q também pode ser lida "se P então Q". A interpretação de P∧Q é V se P e Q forem ambos V, caso contrário é F; a interpretação de P∨Q é F se P e Q forem ambos F, caso contrário é V; a interpretação de P→ Q é F se P for V e Q for F, caso contrário é V. A expressão ~P é também uma proposição composta, e é interpretada como a negação de P, isto é, se P for V, então ~P é F, e se P for F, então ~P é V.

Uma expressão da forma (P∧(P→Q)) → Q é uma forma de argumento que é considerada válida se a interpretação de Q for V toda vez que a interpretação de P∧(P→Q) for V.

Uma proposição também pode ser expressa em função de uma ou mais variáveis. Por exemplo, afirmativas tais como "para cada x, P(x)" ou "existe x, P(x)" são proposições que podem ser interpretadas como V ou F, de acordo com o conjunto de valores assumidos pela variável x e da interpretação dada ao predicado P.

A negação da proposição "para cada x, P(x)" é "existe x, ~P(x)". A negação da proposição "existe x, P(x)" é "para cada x, ~P(x)".

Considerando as informações apresentadas acima, julgue os itens subsequentes.

30) **(CESPE – Adaptada)** Ao empregar os símbolos P, Q e R para as proposições primitivas "Paulo lê revistas científicas", "Paulo lê jornais" e "Paulo lê gibis" respectivamente, é correto simbolizar a proposição composta "Paulo lê gibis ou não lê jornais e não lê revistas científicas" por ~[(R∨Q)∧~P].

Gabarito: Errado.

Comentário: Considerando:
P = Paulo lê revistas científicas.
Q = Paulo lê jornais.
R = Paulo lê gibis.
ou = ∨
e = ∧
A proposição "Paulo lê gibis ou não lê jornais e não lê revistas científicas" fica representada por: (R∨~Q)∧~P.
Obs.: Ainda que se faça a correspondente negação da proposição composta indicada na questão, tem-se:
~[(R∨Q)∧~P] =
~(R∨Q)∨P =
~R∧~Q∨P
Note que essa representação em nada se parece com a correta representação da proposição.

31) **(CESPE – Adaptada)** Todas as interpretações possíveis para a proposição P∨~(P∧Q) são V.

Gabarito: Certo.

Comentário: Nesta questão deseja-se descobrir se a proposição é uma tautologia (proposição composta que é sempre e/ou toda verdadeira, independente dos valores lógicos das proposições simples que a compõe).

Fazendo a tabela-verdade da proposição para saber se realmente isso acontece, fica:

P	Q	P∧Q	~(P∧Q)	P∨~(P∧Q)
V	V	V	F	V
V	F	F	V	V
F	V	F	V	V
F	F	F	V	V

Veja que a proposição é toda verdadeira, independente dos valores lógicos de P e Q.

32) **(CESPE – Adaptada)** A negação da proposição "algum promotor de justiça do MPE/TO tem 30 anos ou mais" é "nem todo promotor de justiça do MPE/TO tem 30 anos ou mais".

Gabarito: Errado.

Comentário: A negação de "ALGUM A é B" é "NENHUM A é B".

"Nem todo" dá a ideia de ALGUM, logo, essas proposições são equivalentes e não negação uma da outra.

Texto para as questões 33 e 34

Sejam P e Q variáveis proposicionais que podem ter valorações, ou serem julgadas verdadeiras (V) ou falsas (F). A partir dessas variáveis, podem ser obtidas novas proposições, tais como: a proposição condicional, denotada por P→Q, que será F quando P for V e Q for F, ou V, nos outros casos; a disjunção de P e Q, denotada por P∨Q, que será F somente quando P e Q forem F, ou V nas outras situações; a conjunção de P e Q, denotada por P∧Q, que será V somente quando P e Q forem V, e, em outros casos, será F; e a negação de P, denotada por ~P, que será F se P for V e será V se P for F. Uma tabela de valorações para uma dada proposição é um conjunto de possibilidades V ou F associadas a essa proposição.

A partir das informações do texto acima, julgue os itens subsequentes.

33) **(CESPE – Adaptada)** As tabelas de valorações das proposições P∨Q e Q→~P são iguais.

Gabarito: Errado.

Comentário: Se as tabelas-verdades (tabelas de valoração) de duas proposições são iguais é porque essas proposições são ditas equivalentes.

Assim, não é necessário desenhar as tabelas para ver se isso realmente acontece, basta analisar as **equivalências lógicas,** envolvendo os conectivos das proposições.

Uma das equivalências do **condicional** é exatamente com a **disjunção,** da seguinte forma: P→Q = ~P∨Q.

Vale lembrar, também, que a **disjunção** tem a equivalência **recíproca**, logo: P∨Q = Q∨P.

Aplicando isso na resolução, fica:

Q→~P

~Q∨~P

~P∨~Q ≠ P∨Q

Observe a tabela para confirmar a informação:

P	Q	~P	P∨Q	Q→~P
V	V	F	V	F
V	F	F	V	V
F	V	V	V	V
F	F	V	F	V

As duas últimas colunas das proposições são diferentes, o que comprova que elas não são equivalentes.

34) **(CESPE – Adaptada)** As proposições (P∨Q)→S e (P→S)∨(Q→S) possuem tabelas de valorações iguais.

Gabarito: Errado.

Comentário: Desenhando as tabelas-verdades (tabelas de valoração) das duas proposições para confirmar se elas são iguais:

P	Q	S	P∨Q	P→S	Q→S	(P∨Q)→S	(P→S)∨(Q→S)
V	V	V	V	V	V	V	V
V	V	F	V	F	F	F	F
V	F	V	V	V	V	V	V
V	F	F	V	F	V	F	V
F	V	V	V	V	V	V	V
F	V	F	V	V	F	F	V
F	F	V	F	V	V	V	V
F	F	F	F	V	V	V	V

Nota-se que as duas colunas em destaque (elas representam as proposições da questão) não são iguais.

Texto para os itens 35 e 36

Considere que P, Q e R sejam proposições simples que possam ser julgadas como verdadeiras (V) ou falsas (F). Com relação às operações lógicas de negação (~), conjunção (∧), disjunção (∨) e implicação (→), julgue os itens subsecutivos.

35) **(CESPE – Adaptada)** O número de linhas da tabela-verdade da proposição (P∧Q→R) é inferior a 6.

Gabarito: Errado.

Comentário: Para se determinar o número de linhas de uma tabela-verdade basta que se faça: **2^n,** cujo "n" é o número de proposições simples que compõem a proposição composta.

Na questão, a proposição é composta por três proposições simples (P, Q e R) o que dá: 2^3 = 8 linhas.

A questão fala em número de linhas inferior a 6, mas 8 é superior a 6.

36) **(CESPE – Adaptada)** A proposição (P∨Q) → (Q∧P) é uma tautologia.

Gabarito: Errado.

Comentário: Tautologia é a proposição composta que é sempre e/ou toda verdadeira independente dos valores lógicos das proposições simples que a compõem.

Basta desenhar a tabela-verdade para ver se, de fato, ocorre uma tautologia.

P	Q	P∨Q	Q∧P	(P∨Q)→(Q∧P)
V	V	V	V	V
V	F	V	F	F
F	V	V	F	F
F	F	F	F	V

Note que a última coluna da tabela-verdade não é toda verdadeira – tem valores verdadeiros e falsos, portanto a proposição P∨Q → Q∧P não é uma tautologia, e sim uma contingência.

Um argumento é uma sequência finita de proposições, que são sentenças que podem ser julgadas como verdadeiras (V) ou falsas (F). Um argumento é válido quando contém proposições assumidas como verdadeiras – nesse caso, denominadas premissas – e as demais proposições são inseridas na sequência que constitui esse argumento porque são verdadeiras em consequência da veracidade das premissas e de proposições anteriores. A última proposição de um argumento é chamada conclusão. Perceber a forma de um argumento é o aspecto primordial para se decidir sua validade. Duas proposições são logicamente equivalentes quando tem as mesmas valorações V ou F. Se uma proposição for verdadeira, então a sua negação será falsa, e vice-versa. Com base nessas informações, julgue o item.

37) **(CESPE – Adaptada)** A negação da proposição "Se um trabalhador tinha qualidade de segurado da previdência social ao falecer, então seus dependentes tem direito a pensão" é logicamente equivalente à proposição "Um trabalhador tinha qualidade de segurado da previdência social ao falecer, mas seus dependentes não tem direito a pensão".

Gabarito: Certo.

Comentário: Simbolizando adequadamente as proposições:

A = Um trabalhador tinha qualidade de segurado da previdência social ao falecer;

B = Seus dependentes tem direito à pensão.

Fazendo o que está sendo proposto na questão, obtém-se:

~(A→B) = A∧~B

A negação da proposição composta por condicional é uma proposição composta por conjunção – na qual se mantém o antecedente como está "E" nega-se apenas o consequente, conforme está na questão, sabendo-se, também, que o "MAS" é sinônimo de "E".

Para as questões 38 a 40

Considerando que os símbolos "∨, ~, →, ↔, ∧" representem as operações lógicas "ou", "não", "condicional", "bicondicional" e "e", respectivamente, julgue os itens a seguir, acerca da proposição composta P: (p∨~q)↔(~p∧r), em que p, q e r são proposições distintas.

38) **(CESPE – Adaptada)** O número de linhas da tabela-verdade de P é igual a 16.

Gabarito: Errado.

Comentário: Sabe-se que o número de linhas de uma tabela-verdade é dado pela fórmula: 2^n, cujo "n" corresponde ao número de proposições simples que compõe a proposição composta.

Como "P" tem 3 proposições simples (p, q e r), tem-se:

2^3 = 8 linhas

Portanto, a tabela-verdade de "P" tem apenas 8 linhas.

39) **(CESPE – Adaptada)** Se a proposição p for verdadeira, então P será falsa.

Gabarito: Certo.

Comentário: A melhor forma de visualizar o que a questão está se referindo é pela tabela-verdade da proposição P, observando apenas as linhas em que "p" é verdadeiro.

P	Q	R	~P	~Q	P∨~Q	~P∧R	(P∨~Q)↔(~P∧R)
V	V	V	F	F	V	F	F
V	V	F	F	F	V	F	F
V	F	V	F	V	V	F	F
V	F	F	F	V	V	F	F
F	V	V	V	F	F	V	F
F	V	F	V	F	F	F	V
F	F	V	V	V	V	V	V
F	F	F	V	V	V	F	F

Note que a proposição "P" fica falsa quando "p" é verdadeiro.

40) **(CESPE – Adaptada)** A proposição ~P é uma tautologia, isto é, o seu valor lógico é verdadeiro independentemente dos valores lógicos das proposições p, q e r.

Gabarito: Errado.

Basta fazer a tabela-verdade da proposição "~P" para saber se realmente é uma tautologia.

P	Q	R	~P	~Q	P∨~Q	~P∧R	P: (P∨~Q)↔(~P∧R)	~P
V	V	V	F	F	V	F	F	V
V	V	F	F	F	V	F	F	V
V	F	V	F	V	V	F	F	V
V	F	F	F	V	V	F	F	V
F	V	V	V	F	F	V	F	V
F	V	F	V	F	F	F	V	F
F	F	V	V	V	V	V	V	F
F	F	F	V	V	V	F	F	V

Observe que conforme a tabela-verdade da proposição "~P", não se trata de uma tautologia.

Para as questões 41 a 44

Uma proposição é uma declaração que pode ser julgada como verdadeira – V –, ou falsa – F –, mas não como V e F simultaneamente. As proposições são, frequentemente, simbolizadas por letras maiúsculas: A, B, C, D, etc. As proposições compostas são expressões construídas a partir de outras proposições, usando-se símbolos lógicos, como nos casos a seguir.

— A→B, lida como "se A, então B", tem valor lógico F quando A for V e B for F; nos demais casos, será V;

— A∨B, lida como "A ou B", tem valor lógico F quando A e B forem F; nos demais casos, será V;

— A∧B, lida como "A e B", tem valor lógico V quando A e B forem V; nos demais casos, será F;

— ~A é a negação de A: tem valor lógico F quando A for V, e V, quando A for F.

Uma sequência de proposições A1, A2, ..., Ak é uma dedução correta se a última proposição, Ak, denominada conclusão, é uma consequência das anteriores, consideradas V e denominadas premissas. Duas proposições são equivalentes quando tem os mesmos valores lógicos para todos os possíveis valores lógicos das proposições que as compõem. A regra da contradição estabelece que, se, ao supor verdadeira uma proposição P, for obtido que a proposição P∧(~P) é verdadeira, então P não pode ser verdadeira; P tem de ser falsa.

A partir dessas informações, julgue os itens os itens subsequentes.

41) **(CESPE – Adaptada)** As proposições “Se o delegado não prender o chefe da quadrilha, então a operação agarra não será bem-sucedida” e “Se o delegado prender o chefe da quadrilha, então a operação agarra será bem-sucedida” são equivalentes.

Gabarito: Errado.

Comentário: Simbolizando as proposições e, de acordo com a questão, considerando P: O delegado não prender o chefe da quadrilha e Q: A operação agarra não será bem sucedida; ficaria:

P→Q = ~P→~Q

Nota-se que **não** é uma das equivalências do condicional, pois, apesar de as proposições simples terem sido negadas, faltou trocá-las de posição, uma vez que uma das equivalências do condicional é a equivalência **contrapositiva:** A→B = ~B→~A.

42) **(CESPE – Adaptada)** Independentemente dos valores lógicos atribuídos às proposições A e B, a proposição [(A→B)∧(~B)]→(~A) tem somente o valor lógico F.

Gabarito: Errado.

Comentário: O foco da questão é saber se a proposição é uma **contradição** (lembrando que contradição é a proposição composta que é sempre e/ou toda verdadeira independente dos valores lógicos das proposições simples que a compõem), portanto, basta desenhar a tabela e ver se isso acontece.

A	B	~A	~B	A→B	(A→B)∧(~B)	[(A→B)∧(~B)]→(~A)
V	V	F	F	V	F	V
V	F	F	V	F	F	V
F	V	V	F	V	F	V
F	F	V	V	V	V	V

Segundo a tabela aconteceu exatamente o contrário, já que a proposição em questão ficou toda verdadeira, o que é uma **tautologia**.

43) **(CESPE – Adaptada)** As proposições [A∨(~B)]→(~A) e [(~A)∧B]∨(~A) são equivalentes.

Gabarito: Certo.

Comentário: O conectivo predominante na questão é o condicional, que tem uma de suas equivalências com a disjunção:

A→B = ~A∨B (nega-se o antecedente OU, mantém-se o consequente)

Como no antecedente também há um conectivo, a disjunção, essa terá que ser negada, e a negação da disjunção é uma conjunção:

~(A∨B) = ~A∧~B (Lei de Morgan).

Portanto, as proposições [A∨(~B)]→(~A) e [(~A)∧B]∨(~A) são equivalentes.

Se ainda houver dúvida sobre a questão, pode-se desenhar a tabela para confirmar a informação:

A	B	~A	~B	A∨~B	~A∧B	(A∨~B)→~A	(~A∧B)∨(~A)
V	V	F	F	V	F	F	F
V	F	F	V	V	F	F	F
F	V	V	F	F	V	V	V
F	F	V	V	V	F	V	V

As duas últimas colunas da tabela são iguais, o que prova que as proposições são equivalentes.

44) **(CESPE – Adaptada)** Se A for a proposição "Todos os policiais são honestos", então a proposição ~A estará enunciada corretamente por "Nenhum policial é honesto".

Gabarito: Errado.

Comentário: A negação de "TODO A é B" é "ALGUM A não é B".

A lógica proposicional trata de argumentações elaboradas por meio de proposições, isto é, de declarações que podem ser julgadas como verdadeiras (V) ou falsas (F) mas nunca como V e F simultaneamente. As proposições normalmente são simbolizadas por letras maiúsculas do alfabeto e alguns símbolos lógicos são usados para compor novas proposições. Uma conjunção, proposição simbolizada por A∨B, é lida como "A e B" e julgada como V somente quando A e B forem V, e F, nos demais casos. Uma implicação, proposição simbolizada por A→B, é lida como se A, então B, e julgada como F somente quando A for V e B for F, e V nos demais casos.

A lógica de primeira ordem também trata das argumentações elaboradas por meio de proposições da lógica proposicional, mas admite proposições que expressem quantificações do tipo "todo", "algum", "nenhum", etc.

A partir dessas notações e definições, julgue os itens que se seguem.

45) **(CESPE – Adaptada)** Caso a proposição "Se a EMBASA promover ações de educação ambiental, então a população colaborará para a redução da poluição das águas" seja V, a proposição "Se a EMBASA não promover ações de educação ambiental, então a população não colaborará para a redução da poluição das águas" também será V.

Gabarito: Errado.

Comentário: O objetivo da questão é saber se as duas proposições são equivalentes. Simbolizando as proposições, tem-se:
A→B e ~A→~B
Observe que, dessa forma, as duas proposições não são equivalentes.

Para as questões 46 e 47

A seguir, são apresentadas proposições relativas a um cliente de uma instituição financeira.

— *Se Carlos fizer um empréstimo na instituição financeira, então ele não viajará.*
— *Se Carlos não viajar, então ele comprará um carro novo.*
— *Se Carlos comprar uma moto ou usar o cartão de crédito, então ele não comprará um carro novo.*
— *Se Carlos viajar, então ele usará o cartão de crédito.*

Considerando que essas proposições sejam verdadeiras, julgue os seguintes itens.

46) **(CESPE – Adaptada)** A proposição "se Carlos viajar, então ele não fará um empréstimo na instituição financeira" é verdadeira.

Gabarito: Certo.

Comentário: Simbolizando a 1ª afirmação, tem-se: A→~B
A proposição da questão simbolizada fica: B→~A
Nota-se que essas duas proposições são equivalente, logo, se A→~B é verdadeira, então B→~A também será.

47) **(CESPE – Adaptada)** A proposição “se Carlos comprar um carro novo, então ele não comprará uma moto nem usará o cartão de crédito” é falsa.

Gabarito: Errado.

Comentário: Simbolizando a 3ª afirmação, tem-se:

$(P \vee Q) \rightarrow \sim R$

A proposição da questão simbolizada fica:

$R \rightarrow (\sim P \wedge \sim Q)$

As duas proposições são equivalente, logo, se uma é verdadeira, a outra também será.

Para as questões 48 e 49

P	Q	R	S
V	V	V	
V	V	F	
V	F	V	
V	F	F	
F	V	V	
F	V	F	
F	F	V	
F	F	F	

A tabela acima corresponde ao início da construção da tabela-verdade da proposição S, composta das proposições simples P, Q e R. Julgue os itens seguintes a respeito da tabela-verdade de S.

48) **(CESPE – Adaptada)** Se $S = (P \rightarrow Q) \wedge R$, então, na última coluna da tabela-verdade de S, aparecerão, de cima para baixo e na ordem em que aparecem, os seguintes elementos: V, F, V, V, F, V, F e V.

Gabarito: Errado.

Comentário: Desenhando a tabela-verdade da proposição S em questão, tem-se:

P	Q	R	P→Q	S = (P→Q)∧R
V	V	V	V	V
V	V	F	V	F
V	F	V	F	F
V	F	F	F	F
F	V	V	V	V
F	V	F	V	F
F	F	V	V	V
F	F	F	V	F

Nota-se que os valores da última coluna, de cima pra baixo e nessa ordem, não são os mesmos que os apresentados na questão.

49) **(CESPE – Adaptada)** Se $S = (P \wedge Q) \vee (P \wedge R)$, então a última coluna da tabela-verdade de S conterá, de cima para baixo e na ordem em que aparecem, os seguintes elementos: V, F, V, V, F, V, F e F.

Gabarito: Errado.

Comentário: Desenhando a tabela-verdade da proposição S em questão, tem-se:

P	Q	R	$P\wedge Q$	$P\wedge R$	$S = (P\wedge Q)\vee(P\wedge R)$
V	V	V	V	V	V
V	V	F	V	F	V
V	F	V	F	V	V
V	F	F	F	F	F
F	V	V	F	F	F
F	V	F	F	F	F
F	F	V	F	F	F
F	F	F	F	F	F

Os valores da última coluna, de cima pra baixo e nessa ordem, não são os mesmos que os apresentados na questão.

Para as questões 50 a 52

Diz-se que as proposições P e Q são logicamente equivalentes quando possuem tabelas-verdade idênticas, de modo que tais proposições assumem os mesmos valores lógicos em função de suas proposições representa uma forma de expressar uma mesma afirmação de diferentes maneiras. Considerando essas informações, julgue os próximos itens.

50) **(CESPE – Adaptada)** A proposição "Como gosta de estudar e é compenetrado, João se tornará cientista" pode ser expressa por "Se João gosta de estudar e é compenetrado, então, se tornará cientista".

Gabarito: Certo.

Comentário: "Como" é sinônimo de "se, então".

51) **(CESPE – Adaptada)** A proposição "Se Lucas vai a sua cidade natal, então Lucas brinca com seus amigos" pode ser expressa por "quando vai a sua cidade natal, Lucas brinca com seus amigos".

Gabarito: Certo.

Comentário: "Quando" é sinônimo de "se, então".

52) **(CESPE – Adaptada)** A negação da proposição "Marcos gosta de estudar, mas não gosta de fazer provas" é logicamente equivalente à proposição "Marcos não gosta de estudar e gosta de fazer provas".

Gabarito: Errado.

Comentário: "Mas" é sinônimo de "e" e a negação do "e" (conjunção) é o "ou" (disjunção), porém a questão trouxe outro "e" na negação.

53) **(CESPE – Adaptada)** A negação da proposição $P\rightarrow Q$ é logicamente equivalente à proposição $\sim P\rightarrow\sim Q$.

Gabarito: Errado.

Comentário: A negação do condicional (se, então) não é outro condicional, mas sim uma conjunção (E) em que se mantém o antecedente E nega-se apenas o consequente, veja: $\sim(P\rightarrow Q) = P\wedge\sim Q$

54) **(CESPE – Adaptada)** As proposições $(P \wedge Q) \rightarrow R$ e $(P \rightarrow R) \vee (Q \rightarrow R)$ são logicamente equivalentes.

Gabarito: Certo.

Comentário: Fazendo a tabela-verdade das duas proposições para saber se realmente elas são equivalentes, tem-se:

P	Q	R	P∧Q	P→R	Q→R	(P∧Q)→R	(P→R)∨(Q→R)
V	V	V	V	V	V	V	V
V	V	F	V	F	F	F	F
V	F	V	F	V	V	V	V
V	F	F	F	F	V	V	V
F	V	V	F	V	V	V	V
F	V	F	F	V	F	V	V
F	F	V	F	V	V	V	V
F	F	F	F	V	V	V	V

Observe que as duas colunas em destaque são exatamente iguais, logo as duas proposições são equivalentes.

Para as questões 55 a 57

Um jovem, ao ser flagrado no aeroporto portando certa quantidade de entorpecentes, argumentou com os policiais conforme o esquema a seguir:

— *Premissa 1: Eu não sou traficante, eu sou usuário;*
— *Premissa 2: Se eu fosse traficante, estaria levando uma grande quantidade de droga e a teria escondido;*
— *Premissa 3: Como sou usuário e não levo uma grande quantidade, não escondi a droga.*
— *Conclusão: Se eu estivesse levando uma grande quantidade, não seria usuário.*

Considerando a situação hipotética apresentada acima, julgue os itens a seguir.

55) **(CESPE – Adaptada)** Se P e Q representam, respectivamente, as proposições "Eu não sou traficante" e "Eu sou usuário", então a premissa 1 estará corretamente representada por $P \wedge Q$.

Gabarito: Certo.

Comentário: A vírgula funciona, em alguns casos, como um sinônimo da conjunção. Na premissa 1 acontece exatamente isso.

56) **(CESPE – Adaptada)** A proposição correspondente à negação da premissa 2 é logicamente equivalente a "Como eu não sou traficante, não estou levando uma grande quantidade de droga ou não a escondi".

Gabarito: Errado.

Comentário: A premissa 2 é uma proposição composta pelo conectivo condicional (se..., então), e a negação do condicional é uma proposição composta por conjunção (conectivo "e"). Considerando que o "como" é um sinônimo do condicional (se..., então), a questão não está certa.

57) **(CESPE – Adaptada)** Se a proposição "Eu não sou traficante" for verdadeira, então a premissa 2 será uma proposição verdadeira, independentemente dos valores lógicos das demais proposições que a compõem.

Gabarito: Certo.

Comentário: Já que a premissa 2 é condicional, e "Eu não sou traficante" é verdadeiro, de acordo com o enunciado da questão, então "eu sou traficante" é falso.

Como o antecedente do condicional é falso, isso faz com que todo o condicional seja verdadeiro. É importante lembrar que o condicional só será falso se o antecedente for verdadeiro e o consequente for falso, independente do valor do consequente.

Para as questões 58 e 59

Com base na proposição P: "Quando o cliente vai ao banco solicitar um empréstimo, ou ele aceita as regras ditadas pelo banco, ou ele não obtém o dinheiro", julgue os itens que se seguem.

58) **(CESPE – Adaptada)** Se for falsa a proposição "O cliente vai ao banco solicitar um empréstimo", então a proposição P também será falsa, independentemente dos valores lógicos das demais proposições constituintes de P.

Gabarito: Errado.

Comentário: "Quando" é um dos sinônimos do conectivo condicional (se..., então), sendo assim, se a proposição "O cliente vai ao banco solicitar um empréstimo" é falsa, de acordo com a questão, isso faz com que a proposição P seja efetivamente verdadeira. Na proposição composta por condicional, quando o antecedente é falso todo o condicional é verdadeiro, independente dos valores lógicos das demais proposições.

59) **(CESPE – Adaptada)** A negação da proposição "Ou o cliente aceita as regras ditadas pelo banco, ou o cliente não obtém o dinheiro" é logicamente equivalente a "O cliente aceita as regras ditadas pelo banco se, e somente se, o cliente não obtém o dinheiro".

Gabarito: Certo.

Comentário: Uma das negações da proposição composta por disjunção exclusiva (conectivo: ou..., ou) é a proposição composta por um bicondicional (conectivo: se, e somente se), da forma como está na questão.

Negar uma proposição significa mudar o seu valor, isso fica facilmente comprovado na tabela-verdade:

A	B	A∨B	~(A∨B)	A↔B
V	V	F	V	V
V	F	V	F	F
F	V	V	F	F
F	F	F	V	V

Obs.: A proposição composta por disjunção exclusiva é verdadeira sempre que as proposições simples que a compõem tenham valores contrários, já a proposição composta por bicondicional é verdadeira sempre que as proposições simples que a compõem tenham valores iguais.

Com base na proposição P: "Quando o cliente vai ao banco solicitar um empréstimo, ou ele aceita as regras ditadas pelo banco, ou ele não obtém o dinheiro", julgue os itens que se segue

60) **(CESPE – Adaptada)** A negação da proposição (P∨~Q)∧R é (~P∨Q)∧(~R).

Gabarito: Errado.

Comentário: Para negar a conjunção é preciso transformar em uma disjunção; não basta apenas negar as proposições simples, além disso, e da mesma forma, para negar a disjunção tem que transformar em uma conjunção.

61) **(CESPE – Adaptada)** A negação da proposição "Pedro não sofreu acidente de trabalho ou Pedro está aposentado" é "Pedro sofreu acidente de trabalho ou Pedro não está aposentado".

Gabarito: Errado.

Comentário: Simbolizando adequadamente as proposições, tem-se:

A = Pedro não sofreu acidente de trabalho;

B = Pedro está aposentado.

Reproduzindo o que está dito na questão, tem-se:

$\sim(A \vee B) = \sim A \vee \sim B$

Sabe-se, contudo, que a negação da proposição composta por disjunção (ou = $\vee$) é uma proposição composta por conjunção (e = $\wedge$): $\sim$ **(P$\vee$Q) = $\sim$P$\wedge\sim$Q** – uma das Leis de Morgan – o que não ocorreu na questão.

62) **(CESPE – Adaptada)** Considerando as proposições P e Q e os símbolos lógicos: $\sim$ (negação); $\vee$(ou); $\wedge$(e); $\rightarrow$ (se, ... então), é correto afirmar que a proposição $(\sim P)\wedge Q \rightarrow (\sim P)\vee Q$ é uma tautologia.

Gabarito: Certo.

Comentário: Tautologia é a proposição composta que é sempre e/ou toda verdadeira independente dos valores lógicos das proposições simples que a compõem.

Nessa questão, basta desenhar a tabela-verdade para ver se de fato ocorre uma tautologia.

P	Q	~P	~P∧Q	~P∨Q	(~P∧Q)→(~P∨Q)
V	V	F	F	V	V
V	F	F	F	F	V
F	V	V	V	V	V
F	F	V	F	V	V

Observe que a última coluna da tabela-verdade é toda verdadeira, sendo, portanto, a proposição $(\sim P)\wedge Q \rightarrow (\sim P)\vee Q$ uma tautologia.

Para as questões 63 e 64

As afirmações que podem ser julgadas como verdadeiras (V) ou falsas (F), mas não ambas, são chamadas proposições. As proposições são usualmente simbolizadas por letras maiúsculas: A, B, C, etc. A expressão A→B, lida, entre outras formas, como "se A então B", é uma proposição que tem valoração F quando A é V e B é F, e tem valoração V nos demais casos. Uma expressão da forma ~A, lida como "não A", é uma proposição que tem valoração V quando A é F, e tem valoração F quando A é V. A expressão da forma A∧B, lida como "A e B", é uma proposição que tem valoração V apenas quando A e B são V, nos demais casos tem valoração F. Uma expressão da forma A∨B, lida como "A ou B", é uma proposição que tem valoração F apenas quando A e B são F; nos demais casos, é V. Com base nessas definições, julgue os itens que se seguem.

63) **(CESPE – Adaptada)** Uma expressão da forma $\sim(A\wedge\sim B)$ é uma proposição que tem exatamente as mesmas valorações V ou F da proposição $A\rightarrow B$.

Gabarito: Certo.

Comentário: A banca questiona se as duas proposições são equivalentes.

$A\rightarrow B$ tem como uma de suas equivalências a proposição $\sim A\vee B$.

$\sim(A\wedge\sim B) = \sim A\vee B$ (uma das Leis de Morgan – negação da proposição composta por conjunção, que resulta em uma proposição composta por disjunção com consequente negação das proposições simples que a compõem).

Dessa forma $\sim(A\wedge\sim B) = A\rightarrow B$.

64) **(CESPE – Adaptada)** A proposição simbolizada por (A→B)→(B→A) possui uma única valoração F.

Gabarito: Certo.

Comentário: Para resolver essa questão, é necessário desenhar a tabela-verdade e ver se o que está sendo pedido acontece.

A	B	A→B	B→A	(A→B)→(B→A)
V	V	V	V	V
V	F	F	V	V
F	V	V	F	F
F	F	V	V	V

Observe que realmente só há 1 valor falso na tabela.

Uma proposição é uma afirmação que pode ser julgada como verdadeira (V) ou falsa (F), mas não como ambas. As proposições são usualmente simbolizadas por letras maiúsculas do alfabeto, como, por exemplo, P, Q, R, etc. Se a conexão de duas proposições é feita pela preposição "e", simbolizada usualmente por ∧, então se obtém a forma P∧Q, lida como "P e Q" e avaliada como V se P e Q forem V, caso contrário, é F. Se a conexão for feita pela preposição "ou", simbolizada usualmente por V, então obtém-se a forma P∨Q, lida como "P ou Q" e avaliada como F se P e Q forem F, caso contrário, é V. A negação de uma proposição é simbolizada por ~P, e avaliada como V, se P for F, e como F, se P for V. Um argumento é uma sequência de proposições P1, P2, ..., Pn, chamadas premissas, e uma proposição Q, chamada conclusão. Um argumento é válido, se Q é V sempre que P1, P2, ..., Pn forem V, caso contrário, não é argumento válido.

A partir desses conceitos, julgue os próximos itens.

65) **(CESPE – Adaptada)** Considere que a proposição "Sílvia ama Joaquim ou Sílvia ama Tadeu" seja verdadeira. Então pode-se garantir que a proposição "Sílvia ama Tadeu" é verdadeira.

Gabarito: Errado.

Comentário: Para que uma proposição composta pelo conectivo "ou" seja verdadeira basta que uma das proposições simples que a compõem seja verdadeira, mas nada garante que a proposição verdadeira será "Sílvia ama Tadeu".

66) **(CESPE – Adaptada)** Há duas proposições no seguinte conjunto de sentenças:

I – O BB foi criado em 1980.

II – Faça seu trabalho corretamente.

III – Manuela tem mais de 40 anos de idade.

Gabarito: Certo.

Comentário: Veja que as sentenças I e III são proposições (têm sujeito, verbo, sentido e podem ser classificadas); já a sentença II trata de uma ordem – que não é proposição.

67) **(CESPE – Adaptada)** A negação da proposição "O concurso será regido por este edital e executado pelo CESPE/UnB" estará corretamente simbolizada na forma (~A)∧(~B), isto é, "O concurso não será regido por este edital nem será executado pelo CESPE/UnB".

Gabarito: Errado.

Comentário: A negação da proposição composta por conjunção é uma proposição composta por disjunção:
$\sim(A \wedge B) = \sim A \vee \sim B$ (Lei de Morgan).
A questão traz a negação da conjunção como sendo outra conjunção ("nem" é um dos sinônimos da conjunção).

68) **(CESPE – Adaptada)** A negação da proposição "O cartão de Joana tem final par ou Joana não recebe acima do salário mínimo" é "O cartão de Joana tem final ímpar e Joana recebe acima do salário mínimo".

Gabarito: Certo.

Comentário: Simbolizando adequadamente as proposições, tem-se:
A = O cartão de Joana tem final par;
B = Joana não recebe acima do salário mínimo.
Tem-se:
$\sim(A \vee B) = \sim A \wedge \sim B$
Como a negação da proposição composta por disjunção é uma proposição constituída por conjunção: $\sim (\mathbf{P} \vee \mathbf{Q}) = \sim \mathbf{P} \wedge \sim \mathbf{Q}$ – uma das Leis de Morgan (vale lembrar que, além da troca do conectivo, deve-se também negar as proposições simples), a questão está certa.

Para as questões 69 a 72

Ao comentar a respeito da instabilidade cambial de determinado país, um jornalista fez a seguinte colocação: "Ou cai o ministro da Fazenda, ou cai o dólar". Acerca desse comentário, que constitui uma disjunção exclusiva, julgue os três itens seguintes.

69) **(CESPE – Adaptada)** Caso o ministro da Fazenda permaneça no cargo e a cotação do dólar mantenha sua trajetória de alta, a proposição do jornalista será verdadeira.

Gabarito: Errado.

Comentário: A proposição composta por disjunção exclusiva só é verdadeira se as proposições simples que a compõem têm valores diferentes.
As duas proposições simples estão com o mesmo valor (verdadeiro, pois nem o ministro nem o dólar caíram), portanto, a proposição composta será falsa.

70) **(CESPE – Adaptada)** A negação da colocação do jornalista é equivalente a "Cai o ministro da Fazenda se, e somente se, cai o dólar".

Gabarito: Certo.

Comentário: Uma das negações da proposição composta por disjunção exclusiva (conectivo: ou..., ou) é a proposição composta por um bicondicional (conectivo: se, e somente se), da forma como está na questão.
Lembrando que negar uma proposição significa mudar o seu valor, isso fica facilmente comprovado na tabela-verdade. Observe:

A	B	A∨B	~(A∨B)	A↔B
V	V	F	V	V
V	F	V	F	F
F	V	V	F	F
F	F	F	V	V

Obs.: A proposição composta por disjunção exclusiva é verdadeira sempre que as proposições simples que a compõem tenham valores contrários; já a proposição composta por bicondicional é verdadeira sempre que as proposições simples que a compõem tenham valores iguais.

71) **(CESPE – Adaptada)** A proposição do jornalista é equivalente a "Se não cai o ministro da Fazenda, então cai o dólar".

Gabarito: Errado.

Comentário: As equivalências da proposição composta pelo conectivo condicional são duas: ou uma proposição composta por condicional (equivalência contra positiva) ou uma proposição composta pelo conectivo da disjunção "normal", veja:

$A \to B = \sim B \to \sim A$

$A \to B = \sim A \vee B$

Não existe a relação de equivalência entre o condicional e a disjunção exclusiva.

72) **(CESPE – Adaptada)** A proposição simbólica $(P \wedge Q) \vee R$ possui, no máximo, 4 avaliações V.

Gabarito: Errado.

Comentário: Para resolver essa questão basta desenhar a tabela-verdade da proposição e ver se o que está sendo pedido acontece.

P	Q	R	P∧Q	(P∧Q)∨R
V	V	V	V	V
V	V	F	V	V
V	F	V	F	V
V	F	F	F	F
F	V	V	F	V
F	V	F	F	F
F	F	V	F	V
F	F	F	F	F

Comentário: Veja que existem 5 valores VERDADEIROS.

Em uma via, cada um dos semáforos A, B, C e D possuem 3 lâmpadas: uma na cor verde, uma na cor amarela e uma na cor vermelha, que, quando acesas, correspondem aos comandos e tráfego siga em frente, atenção e pare, respectivamente. Um semáforo em funcionamento pode exibir, em cada momento, apenas uma das lâmpadas acesas. Nessas condições julgue o item a seguir.

73) **(CESPE – Adaptada)** A negação da proposição "Todos os semáforos estão ligados ou o semáforo B está no vermelho" é "Nenhum semáforo está ligado e o semáforo B não está no vermelho".

Gabarito: Errado.

Comentário: A negação de "TODO A é B" é "ALGUM A não é B".

Suponha que, devido a um desastre natural, regiões que ficaram sem acesso a água potável recebam periodicamente a visita de caminhões-pipa, os quais distribuem água entre os moradores dessas localidades. Embora todos os moradores tenham direito a água, são consideradas preferenciais as famílias que tenham idosos, pessoas com deficiência, crianças em fase de amamentação e gestantes, que tem o direito de receber água antes das famílias que não são preferenciais. Considerando o contexto apresentado, julgue o item subsequente.

74) **(CESPE – Adaptada)** A negação da afirmação Todas as famílias da rua B são preferenciais é Nenhuma família da rua B é preferencial.

Gabarito: Errado.

Comentário: A negação de "TODO A é B" é "ALGUM A não é B".

Para as questões 75 e 76

Na lógica de primeira ordem, uma proposição é funcional quando é expressa por um predicado que contém um número finito de variáveis e é interpretada como verdadeira (V) ou falsa (F) quando são atribuídos valores às variáveis e um significado ao predicado. Por exemplo, a proposição "Para qualquer x, tem-se que x - 2 > 0" possui interpretação V quando x é um número real maior do que 2 e possui interpretação F quando x pertence, por exemplo, ao conjunto {-4, -3, -2, -1, 0}.

Com base nessas informações, julgue os próximos itens.

75) **(CESPE – Adaptada)** A proposição funcional "Para qualquer x, tem-se que $x^2 > x$" é verdadeira para todos os valores de x que estão no conjunto {5, 5/2, 3, 3/2, 2, 1/2}.

Gabarito: Errado.

Comentário: De acordo com os valores pertencentes ao conjunto da questão e para o valor ½ a proposição será falsa, já que ¼ < ½.

76) **(CESPE – Adaptada)** A proposição funcional "Existem números que são divisíveis por 2 e por 3" é verdadeira para elementos do conjunto {2, 3, 9, 10, 15, 16}.

Gabarito: Errado.

Comentário: Todos os elementos do conjunto da questão são divisíveis por 2 ou por 3, mas nenhum deles é divisível por 2 e 3 ao mesmo tempo, como pede a questão.

Para as questões 77 a 79

O exercício da atividade policial exige preparo técnico adequado ao enfrentamento de situações de conflito e, ainda, conhecimento das leis vigentes, incluindo interpretação e forma de aplicação dessas leis nos casos concretos. Sabendo disso, considere como verdadeiras as proposições seguintes.

— P1: Se se deixa dominar pela emoção ao tomar decisões, então o policial toma decisões ruins.

— P2: Se não tem informações precisas ao tomar decisões, então o policial toma decisões ruins.

— P3: Se está em situação de estresse e não teve treinamento adequado, o policial se deixa dominar pela emoção ao tomar decisões.

— P4: Se teve treinamento adequado e se dedicou nos estudos, então o policial tem informações precisas ao tomar decisões.

Com base nessas proposições, julgue os itens a seguir.

77) **(CESPE – Adaptada)** Admitindo-se como verdadeiras as proposições "O policial teve treinamento adequado" e "O policial tem informações precisas ao tomar decisões", então a proposição "O policial se dedicou nos estudos" será, necessariamente, verdadeira.

Gabarito: Errado.

Comentário: Essas proposições são as que estão contidas em P4, e conforme elas foram enunciadas em P4, não há como garantir, de acordo com a questão, que a proposição "O policial se dedicou nos estudos" será verdadeira.

Simbolicamente fica:
$(A \wedge B) \rightarrow C = (V \wedge ^*) \rightarrow V = V$
Observe que, independente do valor de B, a proposição composta será verdadeira, pois o consequente é verdadeiro, e, no condicional, quando o consequente é verdadeiro todo o condicional será verdadeiro, independente do valor do antecedente.

78) **(CESPE – Adaptada)** Da proposição P3 é correto concluir que também será verdadeira a proposição "O policial que tenha tido treinamento adequado não se deixa dominar pela emoção ao tomar decisões, mesmo estando em situações de estresse".

Gabarito: Errado.

Comentário: O objetivo da questão é saber se as proposições são equivalentes.
Simbolizando a proposição P3, tem-se:
$(A \wedge \sim B) \rightarrow C$.
Reescrevendo a proposição "O policial que tenha tido treinamento adequado não se deixa dominar pela emoção ao tomar decisões, mesmo estando em situações de estresse", fica:
"se teve treinamento adequado, mesmo estando em situação de estresse, o policial não se deixa dominar pela emoção ao tomar decisões", que simbolicamente é:
$(B \wedge A) \rightarrow \sim C$.
Perceba que essas proposições não são equivalentes. Na equivalência do condicional com outro condicional tem que haver a troca das proposições de lugar – o antecedente virar consequente e vice-versa –, o que não ocorreu na questão.

79) **(CESPE – Adaptada)** A negação de P4 é logicamente equivalente à proposição "O policial teve treinamento adequado e se dedicou nos estudos, mas não tem informações precisas ao tomar decisões".

Gabarito: Certo.

Comentário: A negação da proposição composta pelo condicional é uma proposição composta pela conjunção, na qual se mantém o antecedente e nega-se, apenas, o consequente, assim como está na questão.
Simbolicamente fica:
$\sim(A \rightarrow B) = A \wedge \sim B$
Na questão, é:
$\sim[(A \wedge B) \rightarrow C] = (A \wedge B) \wedge \sim C$

Para as questões 80 a 82

Estudo divulgado pelo Instituto de Pesquisas Econômicas Aplicadas (IPEA) revela que, no Brasil, a desigualdade social está entre as maiores causas da violência entre jovens.

Um dos fatores que evidenciam a desigualdade social e expõem a população jovem à violência é a condição de extrema pobreza, que atinge 12, 2% dos 34 milhões de jovens brasileiros, membros de famílias com renda per capita de até um quarto do salário mínimo, afirma a pesquisa.

Como a violência afeta mais os pobres, é usual fazer um raciocínio simplista de que a pobreza é a principal causadora da violência entre os jovens, mas isso não é verdade. O fato de ser pobre não significa que a pessoa será violenta. Existem inúmeros exemplos de atos violentos praticados por jovens de classe média.

Internet: <http://amaivos.uol.com.br> (com adaptações).

Tendo como referência o texto acima, julgue os itens seguintes.

80) **(CESPE – Adaptada)** Se a proposição "João é pobre" for falsa e se a proposição "João pratica atos violentos" for verdadeira, então a proposição "João não é pobre, mas pratica atos violentos" será falsa.

Gabarito: Errado.

Comentário: Se "João é pobre" é falso, então "João não é pobre" é verdadeiro e "João pratica atos violentos" também é verdadeiro (de acordo com o enunciado).
Logo "João não é pobre, mas pratica atos violentos" é verdadeiro, uma vez que "V e V = V".

81) **(CESPE – Adaptada)** A negação da proposição "Se houver corrupção, os níveis de violência crescerão" é equivalente a "Se não houver corrupção, os níveis de violência não crescerão".
Gabarito: Errado.

Comentário: A negação da proposição composta por condicional é uma proposição composta por conjunção e não outra proposição composta por condicional.

82) **(CESPE – Adaptada)** A negação da proposição "Toda pessoa pobre é violenta" é equivalente a "Existe alguma pessoa pobre que não é violenta".
Gabarito: Certo.

Comentário: A negação de "TODO A é B" é "ALGUM A não é B" e "existe alguma" é sinônimo de ALGUM.

Argumento é a afirmação de que uma sequência de proposições, denominadas premissas, acarreta outra proposição, denominada conclusão. Um argumento é válido quando a conclusão é verdadeira sempre que as premissas são todas verdadeiras.

— Vou cortar o cabelo hoje, disse Joelson.
— Não é preciso, pois seu cabelo está curto, retrucou Rute.
— É que hoje vou a uma festa, vou procurar uma namorada, explicou Joelson.
— Meu marido está com o cabelo enorme, mas não quer cortá-lo, disse Rute.
— Ele já é casado, não precisa cortar o cabelo, concluiu Joelson.

Com base no fragmento de texto e no diálogo acima apresentados, julgue o item que se segue.

83) **(CESPE – Adaptada)** A proposição "Não é preciso cortar seu cabelo, pois ele está curto" pode ser corretamente representada por $P \rightarrow Q$.
Gabarito: Certo.

Comentário: "Pois" é sinônimo de condicional "se, então".

84) **(CESPE – Adaptada)** Se a proposição R for falsa e se a proposição composta $(P \wedge Q) \rightarrow (\sim Q \vee R)$ for verdadeira, então a proposição P será verdadeira.
Gabarito: Errado.

Comentário: Com R = F e supondo $\sim Q = F$ o consequente do condicional fica falso, obrigando o antecedente também a ser falso para que a proposição seja verdadeira, com isso P = F.

85) **(CESPE – Adaptada)** Se as proposições P e Q são verdadeiras e a proposição R é falsa, então a proposição $(P \wedge R) \rightarrow (\sim Q)$ é verdadeira.
Gabarito: Certo.

Comentário: Como P = V, Q = V e R = F, então $\sim Q = F$:
$(P \wedge R) \rightarrow (\sim Q)$
$(V \wedge F) \rightarrow F$
$F \rightarrow F = V$
Lembrando que na proposição composta por **conjunção,** se uma das proposições que a compõem for falsa, a conjunção será falsa e que, no **condicional,** se o antecedente for falso a proposição composta será verdadeira independente do valor do consequente).

Considerando que os símbolos ∨, ∧, ~ e → representam as operações lógicas "ou", "e", "não" e "condicional", respectivamente, julgue os itens subsequentes, acerca de lógica de argumentação e estruturas lógicas.

86) **(CESPE – Adaptada)** Se a proposição composta $(P \vee \sim Q) \rightarrow (R \wedge S)$ for verdadeira e se a proposição S for falsa, então a proposição Q será falsa.

Gabarito: Errado.

Comentário: Se S for falso, todo o consequente será falso e, com isso, o antecedente tem que ser falso também para que a proposição $(P \vee \sim Q) \rightarrow (R \wedge S)$ seja verdadeira; com isso P = F e ~Q = F (Q = V).

87) **(CESPE – Adaptada)** Se apenas uma das três proposições simples P, Q e R for falsa, então a proposição composta $(P \rightarrow \sim Q) \vee (\sim Q \rightarrow R)$ será verdadeira.

Gabarito: Certo.

Comentário: Caso P = F o condicional $P \rightarrow \sim Q$ = V e $(P \rightarrow \sim Q) \vee (\sim Q \rightarrow R)$ = V.
Se for Q = F, ~Q = V e $P \rightarrow \sim Q$ = V, da mesma forma $(P \rightarrow \sim Q) \vee (\sim Q \rightarrow R)$ = V.
Agora se R = F, então $(\sim Q \rightarrow R)$ passa a ser verdadeira se ~Q = F, e $(P \rightarrow \sim Q) \vee (\sim Q \rightarrow R)$ = V.

88) **(CESPE – Adaptada)** A negação da proposição "ter inabilidade de lidar com a raiva e apresentar depressão" é "ter habilidade de lidar com a raiva ou não apresentar depressão".

Gabarito: Certo.

Comentário: A negação da conjunção é uma disjunção, além da negação das proposições simples.

Texto para as questões 89 a 91

P: Se não há autorização legislativa ou indicação dos recursos financeiros correspondentes, então, não há abertura de créditos suplementares ou de créditos especiais.

Considerando a proposição acima, que tem por base o art. 167, inciso V, da Constituição Federal de 1988, julgue os itens seguintes.

89) **(CESPE – Adaptada)** Considere que as proposições "Há autorização legislativa" e "Há abertura de créditos suplementares" sejam verdadeiras e que as proposições "Há indicação de recursos financeiros" e "Há abertura de créditos especiais" sejam falsas. Nesse caso, a proposição P será verdadeira.

Gabarito: Certo.

Comentário: Simbolizando e trabalhando os valores conforme a questão, fica:
$\sim(A \vee B) \rightarrow \sim(C \vee D)$
$\sim(V \vee F) \rightarrow \sim(V \vee F)$
$F \rightarrow F = V$.

90) **(CESPE – Adaptada)** A negação da proposição P pode ser corretamente expressa por: "Se há autorização legislativa ou indicação dos recursos financeiros correspondentes, então há abertura de créditos suplementares ou de créditos especiais".

Gabarito: Errado.

Comentário: A negação do condicional NÃO é outro condicional

91) **(CESPE – Adaptada)** Na proposição P, a negação do consequente estaria corretamente expressa por: "Há abertura de créditos suplementares ou há abertura de créditos especiais".

Gabarito: Certo.

Comentário: Simbolizando o consequente, fica: ~(C∨D), cuja negação será: ~[~(C∨D)] = C∨D.

Texto para as questões 92 a 93

Para descobrir qual dos assaltantes – Gavião ou Falcão – ficou com o dinheiro roubado de uma agência bancária, o delegado constatou os seguintes fatos:

— F1 – se Gavião e Falcão saíram da cidade, então o dinheiro não ficou com Gavião;

— F2 – se havia um caixa eletrônico em frente ao banco, então o dinheiro ficou com Gavião;

— F3 – Gavião e Falcão saíram da cidade;

— F4 – havia um caixa eletrônico em frente ao banco ou o dinheiro foi entregue à mulher de Gavião.

Considerando que as proposições F1, F2, F3 e F4 sejam verdadeiras, julgue os itens subsequentes, com base nas regras de dedução.

92) **(CESPE – Adaptada)** A proposição F2 é logicamente equivalente à proposição "Se o dinheiro não ficou com Gavião, então não havia um caixa eletrônico em frente ao banco".

Gabarito: Certo.

Comentário: A equivalência do condicional com o próprio condicional consiste em trocar as proposições simples de lugar e negá-las, conforme está na questão (A→B = ~B→~A).

93) **(CESPE – Adaptada)** A negação da proposição F4 é logicamente equivalente à proposição "Não havia um caixa eletrônico em frente ao banco ou o dinheiro não foi entregue à mulher de Gavião".

Gabarito: Errado.

Comentário: Para negar a disjunção (OU) tem que transformar em uma conjunção (E), o que não aconteceu na questão.

Anotações

Argumentos

Para as questões 94 e 95

Em lógica, uma proposição é uma sentença afirmativa que assume um único dos valores lógicos: verdadeiro (V) ou falso (F). A negação de uma proposição A, "não A", será julgada como F se A for V, e será V se A for F. Uma disjunção envolvendo as proposições A e B, simbolizada por A∨B, lida como "A ou B", será F quando A e B forem F e, nos demais casos, será V. Uma conjunção envolvendo as proposições A e B, simbolizada por A∧B, lida como "A e B", será julgada V se A e B forem V; nos demais casos, será F. Uma implicação envolvendo as proposições A e B, simbolizada por A→B, lida como "se A, então B", será julgada F se A for V e B for F; nos demais casos, será sempre V. Um argumento lógico uma relação que associa uma sequência finita de k proposições Pi , 1 ≤ i ≤ k, denominadas premissas, a uma proposição Q, denominada conclusão. Um argumento lógico será denominado válido se a veracidade das premissas garantir a veracidade da conclusão.

A partir dessas informações, considere as proposições listadas a seguir.

— P1: A atmosfera terrestre impede que parte da radiação solar refletida pela superfície terrestre seja irradiada para o espaço.
— P2: Esse fenômeno é chamado de efeito estufa.
— P3: Os gases na atmosfera responsáveis pelo efeito estufa, como o vapor de água e o CO2, são chamados de gases do efeito estufa.
— P4: A emissão de alguns gases do efeito estufa pelas indústrias, pelas queimadas e pelo tráfego de veículos produzirá aumento no efeito estufa.
— Q: A vida na Terra sofrerá grandes mudanças nos próximos 50 anos.

Com base nas definições e nas proposições enunciadas acima, julgue os itens que se seguem.

94) **(CESPE – Adaptada)** O argumento lógico em que P1, P2, P3 e P4 são as premissas e Q é a conclusão pode ser corretamente representado pela expressão [P1∨P2∨P3∨P4]→Q.

Gabarito: Errado.

Comentário: As premissas de um argumento são ligadas pelo conectivo "e", não pelo conectivo "ou".

95) **(CESPE – Adaptada)** O argumento lógico em que P1, P2, P3 e P4 são as premissas e Q é a conclusão é um argumento lógico válido.

Gabarito: Errado.

Comentário: Para falar em argumento válido tem-se que ter garantias das premissas para as conclusões, no entanto, nada garante que os próximos 50 anos serão de mudança.

Para as questões 96 e 97

Quando Paulo estuda, ele é aprovado nos concursos em que se inscreve. Como ele não estudou recentemente, não deve ser aprovado neste concurso.

Em cada um dos itens a seguir, julgue se o argumento apresentado tem estrutura lógica equivalente à do texto acima.

96) **(CESPE – Adaptada)** Sempre que Paulo insulta Maria, ela fica aborrecida. Como Paulo não insultou Maria recentemente, ela não deve estar aborrecida.

Gabarito: Certo.

Comentário: A estrutura do argumento do enunciado é:
A→B ("quando" é sinônimo de condicional)
~A→~B ("como" é sinônimo de condicional)
Na questão, o argumento tem a seguinte estrutura:
P→Q ("sempre" é sinônimo de condicional)
~P→~Q ("como" é sinônimo de condicional)
Veja que os dois argumentos tem a mesma estrutura lógica.

97) **(CESPE – Adaptada)** Toda vez que Paulo chega a casa, seu cachorro late e corre a seu encontro. Hoje Paulo viajou, logo, seu cachorro está triste.

Gabarito: Errado.

Comentário: A estrutura do argumento do enunciado é:
A→B ("quando" é sinônimo de condicional)
~A→~B ("como" é sinônimo de condicional)
Nessa questão tem-se um argumento com a seguinte estrutura:
P→(Q∧R) ("toda vez que" é sinônimo de condicional, e o "e" do "late e corre" é uma conjunção)
S→T ("logo" é sinônimo de condicional)
Nota-se que são duas estruturas completamente diferentes.

Considerando que uma argumentação é correta quando, partindo-se de proposições presumidamente verdadeiras, se chega a conclusões também verdadeiras, julgue o próximo item.

98) **(CESPE – Adaptada)** Suponha-se que as seguintes proposições sejam verdadeiras.

I – Todo brasileiro é artista.

II – Joaquim é um artista.

Nessa situação, se a conclusão for "Joaquim é brasileiro", então a argumentação é correta.

Gabarito: Errado.

Comentário: Representando esse argumento, tem-se a seguinte situação:

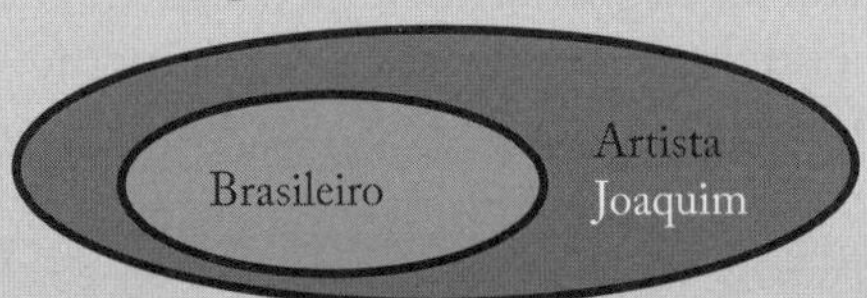

Veja que não há como garantir que Joaquim é brasileiro.

99) **(CESPE – Adaptada)** É válido o seguinte argumento: Todo cachorro é verde, e tudo que é verde é vegetal, logo todo cachorro é vegetal.

Gabarito: Certo.

Comentário: Simbolizando as premissas do argumento, fica:

- Todo cachorro é verde:

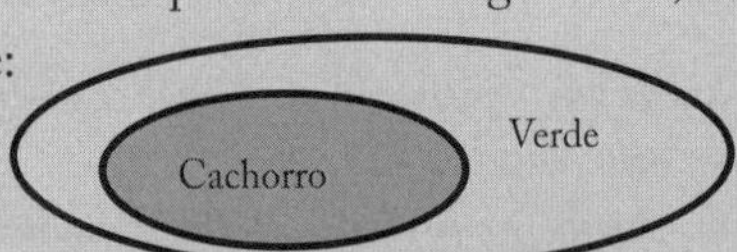

Cotas: cachorro, verde

- Tudo que é verde é vegetal:

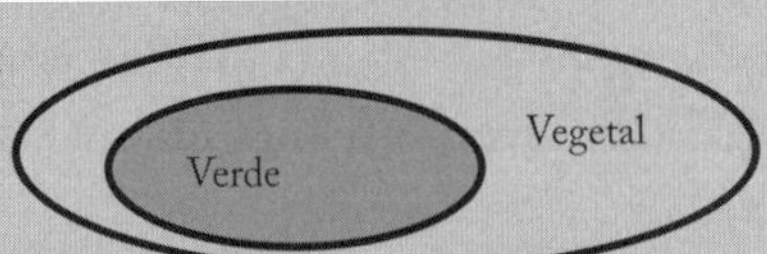

Juntando as premissas:

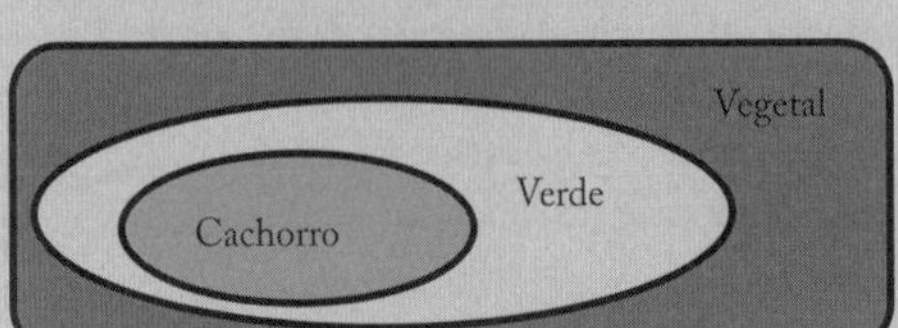

Analisando a conclusão:
- Todo cachorro é vegetal.
Tem-se, portanto, que os cachorros são de fato vegetais e o argumento é válido, mesmo sendo absurdo. Para um argumento ser válido tem que se ter garantia das informações e, de acordo com a representação, isso aconteceu.
O importante é a construção do argumento, tanto que argumentos válidos são ditos também argumentos bem-construídos.

100) **(CESPE – Adaptada)** Suponha que as seguintes afirmações são verdadeiras.

— Alguns participantes da PREVIC são servidores da União.
— Alguns professores universitários são servidores da União.

Nesse caso, a afirmação “Alguns participantes da PREVIC são professores universitários”, também será verdadeira em decorrência dessas afirmações.

Gabarito: Errado.

Comentário: Representando as afirmações, fica:
- Alguns participantes da PREVIC são servidores da União.

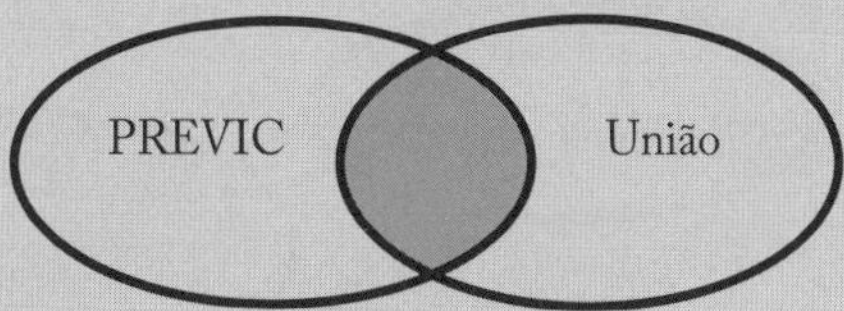

- Alguns professores universitários são servidores da União.

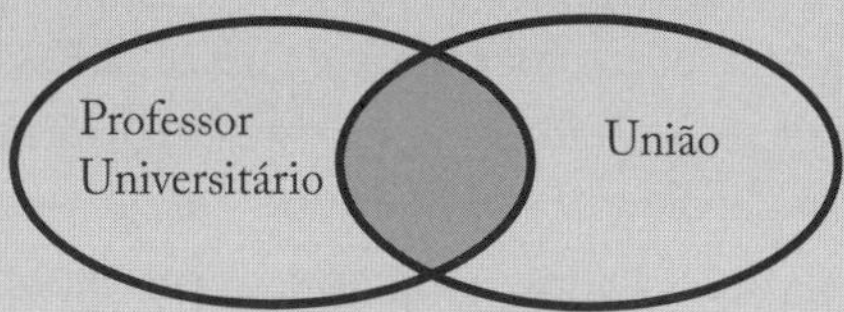

- Juntando as informações, temos as seguintes possibilidades:

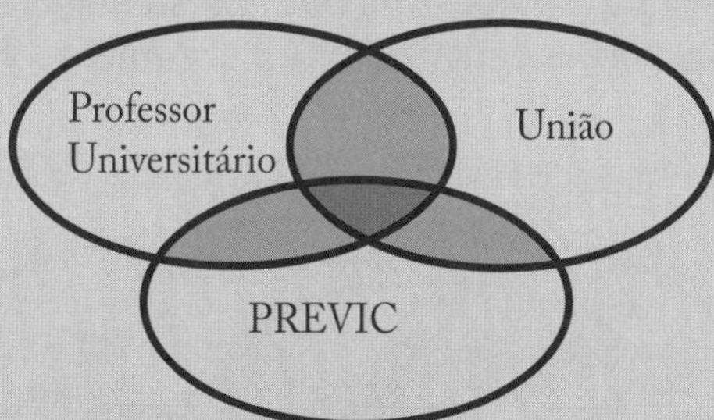

Ou

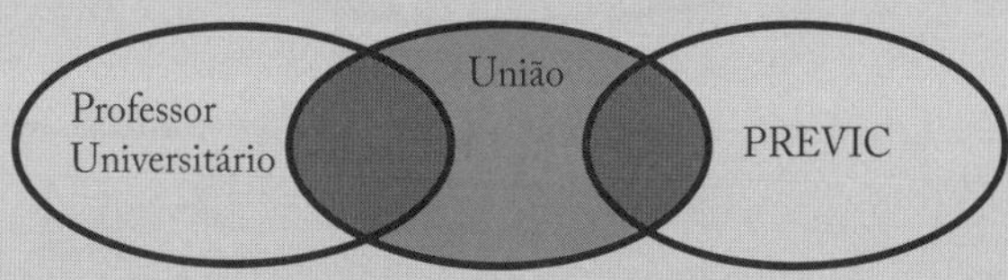

Perceba que a afirmação “Alguns participantes da PREVIC são professores universitários” não está garantida. Assim não se pode dizer que ela é verdadeira.

Um argumento constituído por uma sequência de três proposições – P1, P2 e P3, em que P1 e P2 são as premissas e P3 é a conclusão – é considerado válido se, a partir das premissas P1 e P2, assumidas como verdadeiras, obtém-se a conclusão P3, também verdadeira por consequência lógica das premissas. A respeito das formas válidas de argumentos, julgue os próximos itens.

Considere a seguinte sequência de proposições:

— P1 – Existem policiais que são médicos.

— P2 – Nenhum policial é infalível.

— P3 – Nenhum médico é infalível.

101) **(CESPE – Adaptada)** Nessas condições, é correto concluir que o argumento de premissas P1 e P2 e conclusão P3 é válido.

Gabarito: Errado.

Comentário: Representando uma das possibilidades da argumentação, fica:

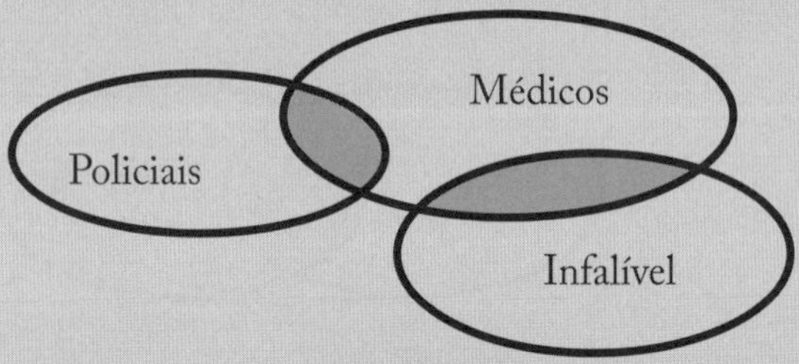

Por essa representação já dá para dizer que o argumento é inválido. Sabidamente existem outras representações para o argumento, porém não dá para GARANTIR qual é a representação correta e, por isso, trabalha-se com todas as possibilidades, e, caso uma dessas possibilidades não satisfaça a argumentação, essa já será inválida.

102) **(CESPE – Adaptada)** Se as premissas P1 e P2 de um argumento forem dadas, respectivamente, por "Todos os leões são pardos" e "Existem gatos que são pardos", e a sua conclusão P3 for dada por "Existem gatos que são leões", então essa sequência de proposições constituirá um argumento válido.

Gabarito: Errado.

Comentário: Representando uma das possibilidades da argumentação fica:

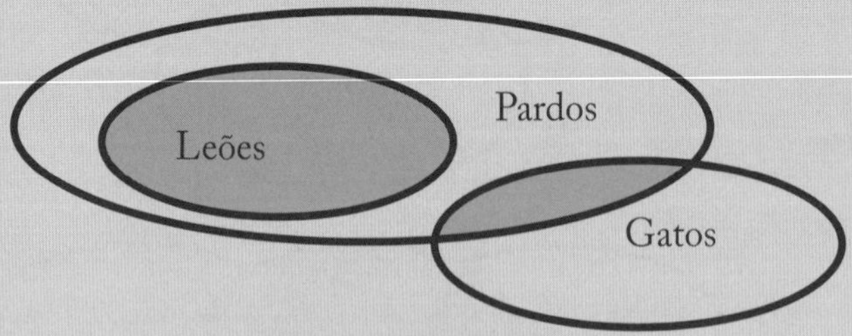

Por essa representação já dá para dizer que o argumento é inválido. Sabidamente existem outras representações para o argumento, porém não dá para GARANTIR qual é a representação correta e, por isso, trabalha-se com todas as possibilidades, e caso uma dessas possibilidades não satisfaça a argumentação, essa já será inválida.

A questão da desigualdade de gênero na relação de poder entre homens e mulheres é forte componente no crime do tráfico de pessoas para fins de exploração sexual, pois as vítimas são, na sua maioria, mulheres, meninas e adolescentes. Uma pesquisa realizada pelo Escritório das Nações Unidas sobre Drogas e Crime (UNODC), concluída em 2009, indicou que 66% das vítimas eram mulheres, 13% eram meninas, enquanto apenas 12% eram homens e 9% meninos.

Ministério da Justiça. Enfrentamento ao tráfico de pessoas: relatório do plano nacional. Janeiro de 2010, p. 23 (adaptado).

Com base no texto acima, julgue o item a seguir.

103) **(CESPE – Adaptada)** O argumento “A maioria das vítimas era mulher. Marta foi vítima do tráfico de pessoas. Logo Marta é mulher” é um argumento válido.

Gabarito: Errado.

Comentário: Representando o argumento, tem-se:

- “a maioria das vítimas era mulher”:

- “Marta foi vítima do tráfico de pessoas”:

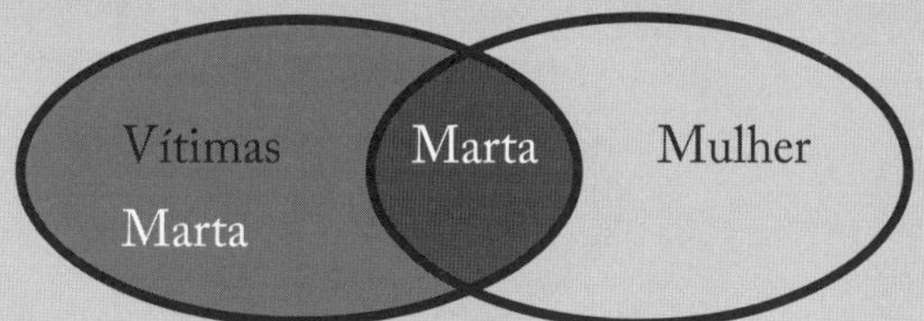

- “Logo, Marta é mulher”.

Observe que, apesar do nome Marta ser feminino, não dá para GARANTIR que ela seja mulher.

Em argumentos, o que vale é o que foi dito e não o senso comum.

Além disso, nos argumentos não existe a possibilidade do “pode ser”; para um argumento ser válido precisamos ter a certeza (garantia) de que o que foi dito está certo.

Para as questões 104 e 105

A lógica proposicional trata de argumentações elaboradas por meio de proposições, isto é, de declarações que podem ser julgadas como verdadeiras (V) ou falsas (F) mas nunca como V e F simultaneamente. As proposições normalmente são simbolizadas por letras maiúsculas do alfabeto e alguns símbolos lógicos são usados para compor novas proposições. Uma conjunção, proposição simbolizada por A∨B, é lida como “A e B” e julgada como V somente quando A e B forem V, e F, nos demais casos. Uma implicação, proposição simbolizada por A→B, é lida como se A, então B, e julgada como F somente quando A for V e B for F, e V nos demais casos. A lógica de primeira ordem também trata das argumentações elaboradas por meio de proposições da lógica proposicional, mas admite proposições que expressem quantificações do tipo “todo”, “algum”, “nenhum”, etc. A partir dessas notações e definições, julgue os itens que se seguem.

A partir dessas notações e definições, julgue os itens que se seguem.

104) **(CESPE – Adaptada)** Considerando que as proposições "As pessoas que, no banho, fecham a torneira ao se ensaboar são ambientalmente educadas" e "Existem crianças ambientalmente educadas" sejam V, então a proposição "Existem crianças que, no banho, fecham a torneira ao se ensaboar" também será V.

Gabarito: Errado.

Comentário: Representando essas afirmações:

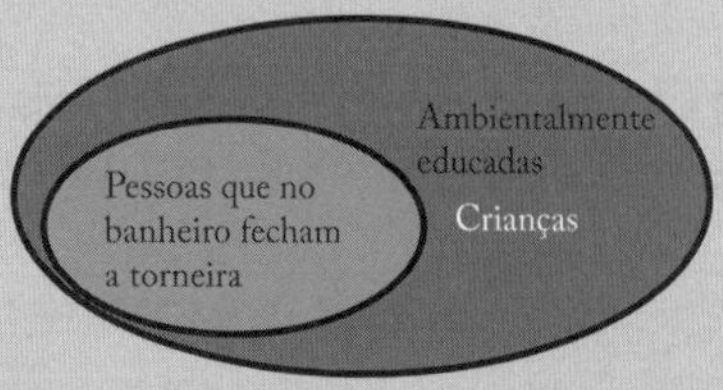

Pelo diagrama, não se tem como garantir que existem crianças que "fecham a torneira".

105) **(CESPE – Adaptada)** Considere que são V as seguintes proposições: "todos os candidatos que obtiveram nota acima de 9 na prova de Língua Portuguesa foram aprovados no concurso" e "Joaquim foi aprovado no concurso". Então a proposição "Joaquim teve nota acima de 9 na prova de Língua Portuguesa" é também V, podendo-se concluir que essas proposições constituem um argumento válido.

Gabarito: Errado.

Comentário: Resolvendo pelo método dos diagramas lógicos e representando essas afirmações, tem-se:

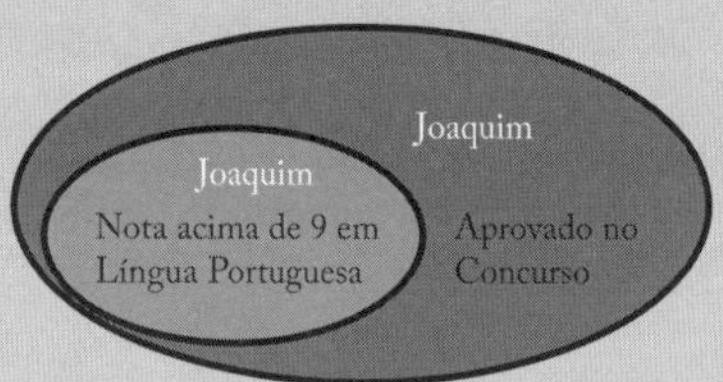

Pelo diagrama não dá para garantir que Joaquim teve nota acima de 9 em língua portuguesa.

106) **(CESPE – Adaptada)** Considere uma argumentação em que duas premissas são da forma

I – Nenhum A é B.

II – Todo C é A.

E a conclusão é da forma "Nenhum C é B". Essa argumentação não pode ser considerada válida.

Gabarito: Errado.

Comentário: Representando essas afirmações, tem-se:

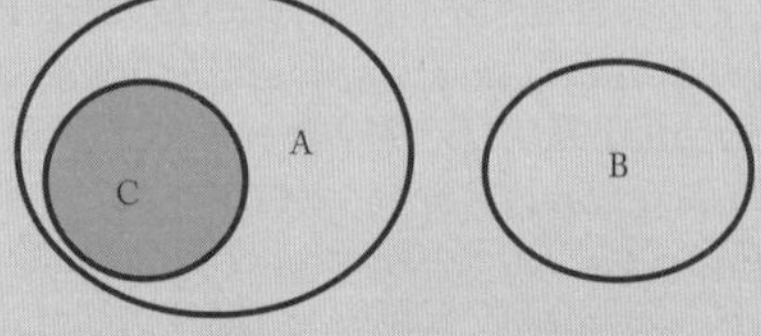

Note que, pelo diagrama, "nenhum C é B" e o argumento é válido.

107) **(CESPE – Adaptada)** Considere que as proposições "Todo advogado sabe lógica" e "Todo funcionário do fórum é advogado" são premissas de uma argumentação cuja conclusão é "Todo funcionário do fórum sabe lógica". Então essa argumentação é válida.

Gabarito: Certo.

Comentário: Resolvendo pelo método dos diagramas lógicos, tem-se:

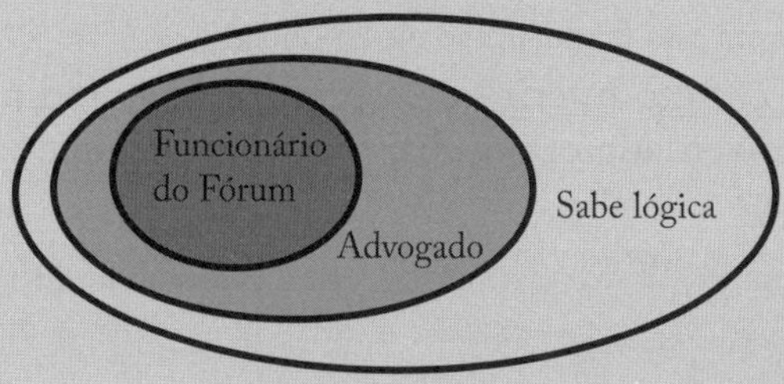

De acordo com o diagrama, os funcionários do fórum sabem lógica.

Para as questões 108 e 109

Uma noção básica da lógica é a de que um argumento é composto de um conjunto de sentenças denominadas premissas e de uma sentença denominada conclusão. Um argumento é válido se a conclusão é necessariamente verdadeira sempre que as premissas forem verdadeiras. Com base nessas informações, julgue os itens que se seguem.

108) **(CESPE – Adaptada)** Toda premissa de um argumento válido é verdadeira.

Gabarito: Errado.

Comentário: Observe a tabela que trata da classificação dos argumentos:

Premissas	Conclusão	Argumento
Verdadeiras	Verdadeira	Válido
Verdadeiras	Falsa	Inválido
Pelo menos 1 (uma) falsa	Falsa	Válido

A 3ª linha da tabela mostra que isso não é verdade.

109) **(CESPE – Adaptada)** Se a conclusão é falsa, o argumento não é válido.

Gabarito: Errado.

Comentário: Dizer que um argumento não é válido é a mesma coisa que dizer que ele é inválido. Observe a tabela que trata da classificação dos argumentos:

Premissas	Conclusão	Argumento
Verdadeiras	Verdadeira	Válido
Verdadeiras	Falsa	Inválido
Pelo menos 1 (uma) falsa	Falsa	Válido

De acordo com essa tabela, e pelos mesmos motivos da questão anterior, a questão está errada.

110) **(CESPE – Adaptada)** Considere que as proposições da sequência a seguir sejam verdadeiras.

— Se Fred é policial, então ele tem porte de arma.
— Fred mora em São Paulo ou ele é engenheiro.
— Se Fred é engenheiro, então ele faz cálculos estruturais.
— Fred não tem porte de arma.
— Se Fred mora em São Paulo, então ele é policial.

Nesse caso, é correto inferir que a proposição "Fred não mora em São Paulo" é uma conclusão verdadeira com base nessa sequência.

Gabarito: Certo.

Comentário: Considerando essas proposições como premissas de um argumento e simbolizando-as:

P = Fred é policial

Q = Fred tem porte de arma

R = Fred mora em São Paulo

S = Fred é engenheiro

T = Fred faz cálculo estrutural

Fica:

$P \to Q$

$R \vee S$

$S \to T$

$\sim Q$

$R \to P$

A conclusão será:

$\sim R$

Para se "inferir" uma informação como sendo verdadeira com base em outras informações é necessário perceber se o argumento é válido.

Considerando as premissas verdadeiras, de acordo com um dos métodos – PREMISSAS VERDADEIRAS – de resolução dos argumentos, se a conclusão também for verdadeira o argumento será válido.

É importante lembrar que, no método das premissas verdadeiras, que pode ser usado sempre que nas premissas houver uma proposição simples ou uma proposição composta por conjunção (considerados os pontos de partida para o método), deve-se ponderar todas as premissas como verdadeiras, atribuindo valores às proposições simples que a compõem, e, depois, dar valor à conclusão, a partir dos valores das premissas; caso a conclusão também seja verdadeira, o argumento será válido, caso, porém, a conclusão seja falsa, o argumento será inválido.

$P^f \to Q^f$

$R^f \vee S^v$

$S^v \to T^v$

$\sim Q = V$ (ponto de partida)

$R^f \to P^f$

Sendo $\sim Q = V$, $Q = F$ e com isso $P = F$, daí também $R = F$ e $S = V$, com $T = V$.

A conclusão será: $\sim R = V$

Logo, o argumento é válido.

111) **(CESPE – Adaptada)** Considere as seguintes proposições:

— P: "Mara trabalha" e Q: "Mara ganha dinheiro"

Nessa situação, é válido o argumento em que as premissas são "Mara não trabalha ou Mara ganha dinheiro" e "Mara não trabalha", e a conclusão é "Mara não ganha dinheiro".

Gabarito: Errado.

Comentário: Simbolizando esse argumento, tem-se:
P1: ~P∨Q
P2: ~P
C: Q
Como ~P será verdadeiro e na disjunção basta que uma das proposições seja verdadeira para a mesma ser verdadeira, não se tem como definir o valor de Q; com isso, a conclusão fica sem valor e o argumento só pode ser inválido.

Para as questões 112 a 114

Uma proposição é uma declaração que pode ser julgada como verdadeira – V –, ou falsa – F –, mas não como V e F simultaneamente. As proposições são, frequentemente, simbolizadas por letras maiúsculas: A, B, C, D, etc. As proposições compostas são expressões construídas a partir de outras proposições, usando-se símbolos lógicos, como nos casos a seguir.

— A→B, lida como "se A, então B", tem valor lógico F quando A for V e B for F; nos demais casos, será V;
— A∨B, lida como "A ou B", tem valor lógico F quando A e B forem F; nos demais casos, será V;
— A∧B, lida como "A e B", tem valor lógico V quando A e B forem V; nos demais casos, será F;
— ~A é a negação de A: tem valor lógico F quando A for V, e V, quando A for F.

Uma sequência de proposições A1, A2, ..., Ak é uma dedução correta se a última proposição, Ak, denominada conclusão, é uma consequência das anteriores, consideradas V e denominadas premissas. Duas proposições são equivalentes quando tem os mesmos valores lógicos para todos os possíveis valores lógicos das proposições que as compõem. A regra da contradição estabelece que, se, ao supor verdadeira uma proposição P, for obtido que a proposição P∧(~P) é verdadeira, então P não pode ser verdadeira; P tem de ser falsa.

A partir dessas informações, julgue o item subsequente.

112) **(CESPE – Adaptada)** Considere as proposições A, B e C a seguir.

— A: Se Jane é policial federal ou procuradora de justiça, então Jane foi aprovada em concurso público.
— B: Jane foi aprovada em concurso público.
— C: Jane é policial federal ou procuradora de justiça.

Nesse caso, se A e B forem V, então C também será V.

Gabarito: Errado.

Comentário: Simbolizando as proposições:
P = Jane é policia federal
Q = Jane é procuradora de justiça
R = Jane foi aprovada em concurso público.
Tem-se:
A: (P∨Q)→R
B: R
C: P∨Q
Se A e B são verdadeiras, então a proposição R é verdadeira e a proposição (P∨Q) tanto pode ser verdadeira como falsa, já que (P∨Q) é o antecedente de uma proposição composta pelo conectivo condicional, que já tem o seu consequente verdadeiro e, portanto, o condicional será verdadeiro independente do valor do antecedente.
Dessa forma, a proposição C não pode ser garantida como verdadeira.

113) **(CESPE – Adaptada)** A sequência de proposições a seguir constitui uma dedução correta.

— Se Carlos não estudou, então ele fracassou na prova de Física.
— Se Carlos jogou futebol, então ele não estudou.
— Carlos não fracassou na prova de Física.
— Carlos não jogou futebol.

Gabarito: Certo.

Comentário: Para essa sequência ser uma dedução correta é necessário que todas as proposições sejam verdadeiras.

Simbolizando as proposições:

A = Carlos estudou.

B = Carlos fracassou na prova de Física.

C = Carlos jogou futebol.

Tem-se:

$\sim A \rightarrow B$

$C \rightarrow \sim A$

$\sim B$

$\sim C$

Admitindo ~B = V e ~C = V, então B = F e A = F, assim, todas as proposições ficam verdadeiras e a dedução está correta.

114) **(CESPE – Adaptada)** Considere o seguinte argumento: "Um cidadão que se preocupa, em sua juventude, em fazer uma poupança financeira tem, como consequência, uma velhice financeiramente tranquila." Nesse caso, a premissa desse argumento é "Um cidadão que se preocupa, em sua juventude, em fazer uma poupança financeira."

Gabarito: Certo.

Comentário: "Como consequência" separa as premissas das conclusões, o que está antes disso é premissa e o que está depois é conclusão.

As afirmações que podem ser julgadas como verdadeiras (V) ou falsas (F), mas não ambas, são chamadas proposições. As proposições são usualmente simbolizadas por letras maiúsculas: A, B, C, etc. A expressão A→B, lida, entre outras formas, como "se A então B", é uma proposição que tem valoração F quando A é V e B é F, e tem valoração V nos demais casos. Uma expressão da forma ~A, lida como "não A", é uma proposição que tem valoração V quando A é F, e tem valoração F quando A é V. A expressão da forma A∧B, lida como "A e B", é uma proposição que tem valoração V apenas quando A e B são V, nos demais casos tem valoração F. Uma expressão da forma A∨B, lida como "A ou B", é uma proposição que tem valoração F apenas quando A e B são F; nos demais casos, é V. Com base nessas definições, julgue os itens que se seguem.

115) **(CESPE – Adaptada)** Considere que as afirmativas "Se Mara acertou na loteria então ela ficou rica" e "Mara não acertou na loteria" sejam ambas as proposições verdadeiras. Simbolizando adequadamente essas proposições pode-se garantir que a proposição "Ela não ficou rica" é também verdadeira

Gabarito: Errado.

Comentário: Simbolizando essas afirmações, fica:

P1: $P \rightarrow Q$

P2: ~P

C: ~Q

Como ~P será verdadeiro, P será falso e, no condicional, se o antecedente é falso todo o condicional é verdadeiro independente do valor do consequente. Sendo assim, não se tem como definir o valor de Q.

Para as questões 116 e 117

Na lógica sentencial, denomina-se proposição uma frase que pode ser julgada como verdadeira (V) ou falsa (F), mas não, como ambas. Assim, frases como "Como está o tempo hoje?" e "Esta frase é falsa" não são proposições porque a primeira é pergunta e a segunda não pode ser nem V nem F. As proposições são representadas simbolicamente por letras maiúsculas do alfabeto - A, B, C, etc. Uma proposição da forma "A ou B" é F se A e B forem F, caso contrário é V; e uma proposição da forma "Se A então B" é F se A for V e B for F, caso contrário é V. Um raciocínio lógico considerado correto é formado por uma sequência de proposições tais que a última proposição é verdadeira sempre que as proposições anteriores na sequência forem verdadeiras. Considerando as informações contidas no texto acima, julgue os itens subsequentes.

116) **(CESPE – Adaptada)** É correto o raciocínio lógico dado pela sequência de proposições seguintes:

— Se Antônio for bonito ou Maria for alta, então José será aprovado no concurso.

— Maria é alta.

— Portanto José será aprovado no concurso.

Gabarito: Certo.

Comentário: Simbolizando o argumento, tem-se:

P1: $P \vee Q \rightarrow R$

P2: Q

C: R

Uma vez que Q é verdadeiro e o antecedente do condicional é uma disjunção, que será verdadeira sempre que uma de suas proposições for verdadeira, o consequente terá que ser necessariamente verdadeiro. Assim sendo, quando tanto as premissas como a conclusão do argumento são verdadeiras, o argumento é válido.

117) **(CESPE – Adaptada)** É correto o raciocínio lógico dado pela sequência de proposições seguintes:

— Se Célia tiver um bom currículo, então ela conseguirá um emprego.

— Ela conseguiu um emprego.

— Portanto, Célia tem um bom currículo.

Gabarito: Errado.

Comentário: Simbolizando o argumento, fica:

P1: $A \rightarrow B$

P2: B

C: A

Sendo B verdadeiro, quando o consequente é verdadeiro o condicional todo será verdadeiro, independente do valor do antecedente, não se pode garantir que a proposição A será verdadeira. Com isso, o argumento é inválido.

118) **(CESPE – Adaptada)** Considere o seguinte texto: "Se há mais pares de sapatos do que caixas para acomodá-los, então dois pares de sapatos são colocados em uma mesma caixa. Dois pares de sapatos são colocados em uma mesma caixa. Conclui-se então que há mais pares de sapatos do que caixas para acomodá-los". Nesse caso, o texto expressa uma argumentação que não é válida.

Gabarito: Certo.

Comentário: Simbolizando e resolvendo, fica:
P1: A→B
P2: B
C: A
Partindo de B = V (pelo método das premissas verdadeiras) e sendo P1 um condicional, não dá para garantir o valor de A (no condicional, quando o consequente é verdadeiro todo o condicional já será verdadeiro independente do valor do consequente). Portanto, o argumento é inválido.

Para as questões 119 e 120

Uma dedução lógica é uma sequência finita de proposições na qual algumas proposições, denominadas premissas, são supostas verdadeiras, e as demais proposições, chamadas conclusões, são também verdadeiras por consequência das premissas e de conclusões previamente obtidas. Considere as quatro proposições a seguir.

— A: Se Abel não mora em Vitória, então Beto mora em Serra.
— B: Se Carlos mora em Serra ou em Vila Velha, então Abel mora em Vitória.
— C: Se Danilo não mora em Vitória, então Carlos mora em Vila Velha.
— D: Beto mora em Linhares.

Sabendo que cada um dos rapazes mora em uma cidade diferente, considerando as proposições A, B, C e D como premissas de uma dedução lógica, julgue os itens que se seguem.

119) **(CESPE – Adaptada)** Danilo mora em Vitória.

Gabarito: Errado.

Comentário: Colocando em forma de símbolos essas proposições:
A: ~P → Q
B: R∨S → P
C: ~T → S
D: ~Q
Fazendo ~Q verdadeiro, Q será falso e P verdadeiro. Como P é verdadeiro ~T fica verdadeiro e S também, sendo R falso. Organizando as informações a partir dos valores das proposições, descobre-se que:
Abel mora em Vitória; Beto em Linhares; Carlos em Vila Velha; e Danilo em Serra.

120) **(CESPE – Adaptada)** Carlos não mora em Vila Velha.

Gabarito: Errado.

Comentário: Símbolizando as proposições:
A: ~P → Q
B: R∨S → P
C: ~T → S
D: ~Q

Fazendo ~Q verdadeiro, Q será falso e P verdadeiro. Como P é verdadeiro ~T fica verdadeiro e S também, sendo R falso. Organizando as informações a partir dos valores das proposições, descobre-se que Abel mora em Vitória, Beto em Linhares, Carlos em Vila Velha e Danilo em Serra.

121) **(CESPE – Adaptada)** Considerando que as proposições A, B, B→C e [A∧B]→[C→D] sejam V, então a proposição D será, obrigatoriamente, V.

Gabarito: Certo.

Comentário: Organizando, fica assim:

A

B

B→C

[A∧B]→[C→D]

A partir das informações da questão A = V, B = V, C com isso fica verdadeiro e D, dentro da proposição [A∧B]→[C→D], só tem como ser verdadeiro, visto que o antecedente [A∧B] é verdadeiro, obrigando o consequente [C→D] a ser verdadeiro. Como C (antecedente) é verdadeiro, D (consequente) só pode ser verdadeiro.

122) **(CESPE – Adaptada)** É válido o seguinte argumento: se Ana cometeu um crime perfeito, então Ana não é suspeita, mas (e) Ana não cometeu um crime perfeito, então Ana é suspeita.

Gabarito: Errado.

Comentário: Simbolizando o argumento, fica:

P1: A → ~B

P2: ~A

C: B

Resolvendo pelo método das premissas verdadeiras, e sendo ~A verdadeiro, A = F, e quando o antecedente é falso, o condicional todo será verdadeiro, independente do valor do consequente; logo, não se pode garantir o valor da proposição B. Com isso, o argumento é inválido.

123) **(CESPE – Adaptada)** Considere que P→Q e ~P∨Q tem exatamente as mesmas interpretações V ou F. Então, simbolizando-se adequadamente, pode-se afirmar que é válido o seguinte argumento: Pedro não é um frade franciscano ou Pedro fez voto de pobreza, mas (e) Pedro é um frade franciscano, então Pedro fez voto de pobreza.

Gabarito: Certo.

Comentário: Simbolizando o argumento, fica:

P1: ~A∨B

P2: A

C: B

Resolvendo pelo método das premissas verdadeiras, e sendo A verdadeiro, ~A = F, e B obrigatoriamente é verdadeiro, pois na disjunção uma das proposições precisa ser verdadeira para que a disjunção seja verdadeira. Portanto, o argumento é válido.

O exercício da atividade policial exige preparo técnico adequado ao enfrentamento de situações de conflito e, ainda, conhecimento das leis vigentes, incluindo interpretação e forma de aplicação dessas leis nos casos concretos. Sabendo disso, considere como verdadeiras as proposições seguintes.

— P1: Se se deixa dominar pela emoção ao tomar decisões, então o policial toma decisões ruins.

— P2: Se não tem informações precisas ao tomar decisões, então o policial toma decisões ruins.

— P3: Se está em situação de estresse e não teve treinamento adequado, o policial se deixa dominar pela emoção ao tomar decisões.

— P4: Se teve treinamento adequado e se dedicou nos estudos, então o policial tem informações precisas ao tomar decisões.

Com base nessas proposições, julgue os itens a seguir.

124) **(CESPE – Adaptada)** A partir das proposições P2 e P4, é correto inferir que "O policial que tenha tido treinamento adequado e tenha se dedicado nos estudos não toma decisões ruins" é uma proposição verdadeira.

Gabarito: Errado.

Comentário: Representando as proposições e resolvendo como argumento (a questão estará certa se o argumento for válido, e errada se o argumento for inválido), pelo método da conclusão falsa (considerando a proposição da questão como a conclusão):

P2: $\sim I \rightarrow D$

P4: $(A \wedge E) \rightarrow I$

C: $(A \wedge E) \rightarrow \sim D$

$A = V$

$E = V$

$\sim D = F$

$I = V$

A partir disso, as premissas estão todas verdadeiras e a conclusão falsa, logo o argumento é inválido.

125) **(CESPE – Adaptada)** Considerando que P1, P2, P3 e P4 sejam as premissas de umargumento cuja conclusão seja "Se o policial está em situaçãode estresse e não toma decisões ruins, então teve treinamento adequado", é correto afirmar que esse argumento é válido.

Gabarito: Certo.

Comentário: Representando as proposições e resolvendo o argumento, pelo método da conclusão falsa:

P1: $M \rightarrow D$

P2: $\sim I \rightarrow D$

P3: $(S \wedge \sim A) \rightarrow M$

P4: $(A \wedge E) \rightarrow I$

C: $(S \wedge \sim D) \rightarrow A$

$S = V$

$\sim D = V$

$A = F$

$M = F$

$\sim I = F$

Com isso a P3 fica falsa e o argumento válido.

Para as questões 125 e 126

A seguir, são apresentadas proposições relativas a um cliente de uma instituição financeira.

— Se Carlos fizer um empréstimo na instituição financeira, então ele não viajará.

— Se Carlos não viajar, então ele comprará um carro novo.

— Se Carlos comprar uma moto ou usar o cartão de crédito, então ele não comprará um carro novo.

— Se Carlos viajar, então ele usará o cartão de crédito.

Considerando que essas proposições sejam verdadeiras, julgue os seguintes itens.

126) **(CESPE – Adaptada)** A proposição "se Carlos não usar o cartão de crédito, então ele comprará um carro novo" é verdadeira.

Gabarito: Certo.

Comentário: Nesse caso vale representar todas as proposições (premissas) e trabalhar os métodos de classificação de argumentos, lembrando que, mesmo o enunciado falando que todas as proposições são verdadeiras, deve-se atentar para o método de classificação.

P1: $A \to \sim B$

P2: $\sim B \to C$

P3: $(D \vee E) \to \sim C$

P4: $B \to E$

C: $\sim E \to C$

Trabalhando o método da conclusão falsa, tem-se que:

$\sim E = V$ e $C = F$

$\sim B = F$

$A = F$

$D = V$

Com isso, a premissa P4 ficará falsa e, como o método diz que sendo a conclusão falsa, se pelo menos uma das premissas ficar falsa o argumento será válido.

127) **(CESPE – Adaptada)** A proposição "se Carlos fizer um empréstimo no banco, então ele comprará uma moto" é verdadeira.

Gabarito: Errado.

Comentário: Para resolver essa questão, vale representar todas as proposições (premissas) e trabalhar os métodos de classificação de argumentos, lembrando que, mesmo o enunciado falando que todas as proposições são verdadeiras, deve-se atentar para o método de classificação.

P1: $A \to \sim B$

P2: $\sim B \to C$

P3: $(D \vee E) \to \sim C$

P4: $B \to E$

C: $A \to D$

Trabalhando o método da conclusão falsa, tem-se:

$A = V$ e $D = F$, com isso:

$\sim B = V$

$C = V$

$E = F$

Nota-se que todas as premissas ficaram verdadeiras, portanto, o argumento é inválido.

128) **(CESPE – Adaptada)** Considere uma argumentação em que as duas proposições simbólicas abaixo são premissas, isto é, tem avaliação V.

I – (A∧~B) → C

II – ~C

Neste caso, se a conclusão for a proposição (~A∨B), tem-se uma argumentação válida.

Gabarito: Certo.

Comentário: Como ~C é verdadeiro, C = F e (A∧~B) tem que ser falso. (~A∨B) é a negação de (A∧~B), e se (A∧~B) = F, então (~A∨B) = V.

Portanto, o argumento é válido, já que as premissas são verdadeiras e a conclusão também.

129) **(CESPE – Adaptada)** A sequência de proposições abaixo não é uma argumentação válida.

I – Se Filomena levou a escultura ou Silva mentiu, então um crime foi cometido.

II – Silva não estava em casa.

III – Se um crime foi cometido, então Silva estava em casa.

IV – Filomena não levou a escultura.

Gabarito: Errado.

Comentário: Representando as proposições e afirmando que todas são verdadeiras, caso assim permaneça, o argumento será válido; porém, se uma das proposições ficar falsa, o argumento será inválido. Assim:

(A∨B)→C

~D

C→D

~A

Começando com ~D = V e ~A = V (são proposições simples), C = F e B = F, e todas as proposições ficaram verdadeiras, tornando o argumento válido.

Para as questões 130 e 131

Uma proposição é uma afirmativa que pode ser avaliada como verdadeira (V) ou falsa (F), mas não ambos. É usual denotar uma proposição com letras maiúsculas: A, B, C. Simbolicamente, A∧B, A∨B e ~A representam proposições compostas cujas leituras são: A e B, A ou B e não A. A proposição A → B tem várias formas de leitura: A implica B, se A então B, A somente se B, A é condição suficiente para B, B é condição necessária para A, etc. Desde que as proposições A e B possam ser avaliadas como V ou F, então a proposição A∧B é V se A e B forem ambas V, caso contrário, é F; a proposição A∨B é F quando A e B são ambas F, caso contrário, é V; a proposição A → B é F quando A é V e B é F, caso contrário, é V; e, finalmente, a proposição ~A é V quando A é F, e é F quando A é V.

Uma argumentação é uma sequência finita de k proposições (que podem estar enumeradas) em que as (k – 1) primeiras proposições ou são premissas (hipóteses) ou são colocadas na argumentação por alguma regra de dedução. A k-ésima proposição é a conclusão da argumentação.

Sendo P, Q e R proposições, considere como regras de dedução as seguintes: se P e P → Q estão presentes em uma argumentação, então Q pode ser colocada na argumentação; se P → Q e Q → R estão presentes em uma argumentação, então P → R pode ser colocada na argumentação; se P∧Q está presente em uma argumentação, então tanto P quanto Q podem ser colocadas na argumentação.

Duas proposições são equivalentes quando tiverem as mesmas avaliações V ou F. Portanto, sempre podem ser colocadas em uma argumentação como uma forma de "reescrever" alguma proposição já presente na argumentação. São equivalentes, por exemplo, as proposições A → B, ~B→~A e ~A∨B. Uma argumentação é válida sempre que, a partir das premissas que são avaliadas como V, obtém-se (pelo uso das regras de dedução ou por equivalência) uma conclusão que é também avaliada como V.

Com base nas informações do texto I, julgue os itens que se seguem.

130) **(CESPE – Adaptada)** É correto afirmar que, simbolizada adequadamente, a argumentação abaixo é válida.

I – Se um casal é feliz, então os parceiros têm objetivos comuns.
II – Se os parceiros têm objetivos comuns, então trabalham no mesmo Ministério Público.
III – Há rompimento se o casal é infeliz.
IV – Há rompimento se os parceiros não trabalham no mesmo Ministério Público.

Gabarito: Certo.

Comentário: Representando as proposições e afirmando que todas são verdadeiras, caso assim permaneça o argumento será válido, porém, se uma das proposições ficar falsa, o argumento será inválido, assim:

$A \rightarrow B$
$B \rightarrow C$
$\sim A \rightarrow D$
$\sim C \rightarrow D$

Começando com D = F (você pode começar de onde quiser, só observe se nas proposições não terão contradições.), ~A = F e ~C = F, com isso B = V (A = V) e todas as proposições ficaram verdadeiras, tornando o argumento válido.

Para as questões 131 e 132

Argumento é a afirmação de que uma sequência de proposições, denominadas premissas, acarreta outra proposição, denominada conclusão. Um argumento é válido quando a conclusão é verdadeira sempre que as premissas são todas verdadeiras.

— Vou cortar o cabelo hoje, disse Joelson.
— Não é preciso, pois seu cabelo está curto, retrucou Rute.
— É que hoje vou a uma festa, vou procurar uma namorada, explicou Joelson.
— Meu marido está com o cabelo enorme, mas não quer cortá-lo, disse Rute.
— Ele já é casado, não precisa cortar o cabelo, concluiu Joelson.

Com base no fragmento de texto e no diálogo acima apresentados, julgue o item que se segue.

131) **(CESPE – Adaptada)** A partir das premissas “Se Joelson irá a uma festa e procurará uma namorada, então Joelson precisa cortar o cabelo”, “Se Joelson é casado, então, não precisa cortar o cabelo” e “Se Joelson é casado, então, não procurará uma namorada”, pode-se concluir corretamente que Joelson não é casado.

Gabarito: Errado.

Comentário: Simbolizando as proposições e resolvendo o argumento, fica:

P1: $(A \wedge B) \rightarrow C$
P2: $D \rightarrow \sim C$
P3: $D \rightarrow \sim B$
C: $\sim D$

Trabalhando o método da conclusão falsa, tem-se:

~D = F (D = V), com isso:

~B = V (B = F)
~C = V (C = F)
A = F

Nota-se que todas as premissas ficaram verdadeiras e, como a conclusão é falsa, o argumento é inválido.

132) **(CESPE – Adaptada)** O argumento cujas premissas são “Quem é casado não precisa cortar o cabelo” e “Quem vai procurar uma namorada precisa cortar o cabelo” e cuja conclusão é “Quem é casado não vai procurar uma namorada” é válido.

Gabarito: Errado.

Comentário: O fato de precisar ou não cortar o cabelo não garante que a pessoa seja casada ou que ela vá procurar uma namorada; logo, não dá para concluir qualquer informação a partir dessas premissas.

Um jovem, ao ser flagrado no aeroporto portando certa quantidade de entorpecentes, argumentou com os policiais conforme o esquema a seguir:

— Premissa 1: Eu não sou traficante, eu sou usuário;

— Premissa 2: Se eu fosse traficante, estaria levando uma grande quantidade de droga e a teria escondido;

— Premissa 3: Como sou usuário e não levo uma grande quantidade, não escondi a droga.

— Conclusão: Se eu estivesse levando uma grande quantidade, não seria usuário.

Considerando a situação hipotética apresentada acima, julgue o item a seguir.

133) **(CESPE - Adaptada)** Sob o ponto de vista lógico, a argumentação do jovem constitui argumentação válida.

Gabarito: Errado.

Comentário: A única maneira correta de resolver essa questão será trabalhar com o método da CONCLUSÃO FALSA, pois, no método das premissas verdadeiras (que poderia ser usado já que se tem uma conjunção nas premissas), não se consegue atribuir valores a todas as proposições, nem a todas as premissas e nem à conclusão.

Lembrando que, no método da conclusão falsa, deve-se admitir a conclusão como falsa (a conclusão tem que ser ou uma proposição simples, ou uma disjunção, ou um condicional), supor as premissas como verdadeiras e atribuindo valores às proposições; com isso, caso uma das premissas também fique falsa o argumento será válido, porém se todas as premissas continuarem verdadeiras o argumento será inválido.

Simbolizando as informações:

A = eu sou traficante

B = eu sou usuário

C = eu levo uma grande quantidade de drogas

D = eu escondi a droga

Fica:

Premissa 1: $\sim A \wedge B$

Premissa 2: $A \rightarrow (C \wedge D)$

Premissa 3: $(B \wedge \sim C) \rightarrow \sim D$

Conclusão: $C \rightarrow \sim B$

Resolvendo:

Premissa 1: $\sim A^v \wedge B^v$

Premissa 2: $A^f \rightarrow (C^v \wedge D^*)$

Premissa 3: $(B^v \wedge \sim C^f) \rightarrow \sim D^*$

Conclusão: $C^v \rightarrow \sim B^f$

Fazendo C = V e ~B = F, B = V e ~A = V, assim A = F e D = V ou F, porém isso – não conseguir atribuir valor para a proposição D – não altera o valor do argumento já que as premissas ficaram todas verdadeiras e a conclusão ficou falsa, o que resulta em argumento inválido.

Para a questão 134

Para descobrir qual dos assaltantes – Gavião ou Falcão –ficou com o dinheiro roubado de uma agência bancária, o delegado constatou os seguintes fatos:

— F1 – se Gavião e Falcão saíram da cidade, então o dinheiro não ficou com Gavião;

— F2 – se havia um caixa eletrônico em frente ao banco, então o dinheiro ficou com Gavião;

— F3 – Gavião e Falcão saíram da cidade;

— F4 – havia um caixa eletrônico em frente ao banco ou o dinheiro foi entregue à mulher de Gavião.

Considerando que as proposições F1, F2, F3 e F4 sejam verdadeiras, julgue o item subsequente, com base nas regras de dedução.

134) **(CESPE – Adaptada)** A proposição “O dinheiro foi entregue à mulher de Gavião” é verdadeira.

Gabarito: Certo.

Comentário: Atribuindo valores às proposições simples que compõem F1, F2, F3 e F4, a partir do conectivos presentes, fica:

Gavião e Falcão saíram da cidade. = Verdade

Dinheiro não ficou com Gavião. = Verdade

Havia um caixa eletrônico em frente ao banco. = Falso

Dinheiro foi entregue à mulher de Gavião. = VERDADE

Anotações

Teoria dos Conjuntos

Julgue o item que se segue, acerca de operações com conjuntos.

135) **(CESPE – Adaptada)** Se A for um conjunto não vazio e se o número de elementos do conjunto A∪B for igual ao número de elementos do conjunto A∩B, então o conjunto B terá pelo menos um elemento.

Gabarito: Certo.

Comentário: Se A∪B for igual a A∩B então os conjuntos "A" e "B" são iguais; sendo assim, se o conjunto "A" não é vazio, o conjunto "B" também será não vazio e logo terá, pelo menos, um elemento.

Texto para as questões 136 e 137

Em uma página da Polícia Federal, na Internet, é possível denunciar crimes contra os direitos humanos. Esses crimes incluem o tráfico de pessoas – aliciamento de homens, mulheres e crianças para exploração sexual – e a pornografia infantil – envolvimento de menores de 18 anos de idade em atividades sexuais explícitas, reais ou simuladas, ou exibição dos órgãos genitais do menor para fins sexuais.

Com referência a essa situação hipotética e considerando que, após a análise de 100 denúncias, tenha-se constatado que 30 delas se enquadravam como tráfico de pessoas e como pornografia infantil; outras 30 não se enquadravam em nenhum desses dois crimes e que, em relação a 60 dessas denúncias, havia apenas a certeza de que se tratava de pornografia infantil, julgue os itens subsequentes, acerca dessas 100 denúncias analisadas.

136) **(CESPE – Adaptada)** Dez denúncias foram classificadas apenas como crime de tráfico de pessoas.

Gabarito: Certo.

Comentário: Representando os dados da questão conforme o enunciado, tem-se:

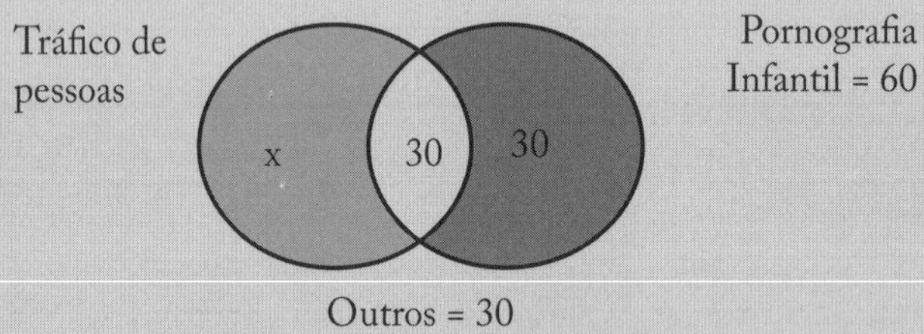

Calculando para encontrar o "x":

$x + 30 + 30 + 30 = 100$

$x + 90 = 100$

$x = 100 - 90$

$x = 10$

Lembrando que "x" refere-se apenas aos crimes de tráfico de pessoas.

137) **(CESPE – Adaptada)** Os crimes de tráfico de pessoas foram mais denunciados que os de pornografia infantil.

Gabarito: Errado.

Comentário: A partir do enunciado e calculando os crimes apenas de tráfico de pessoas:

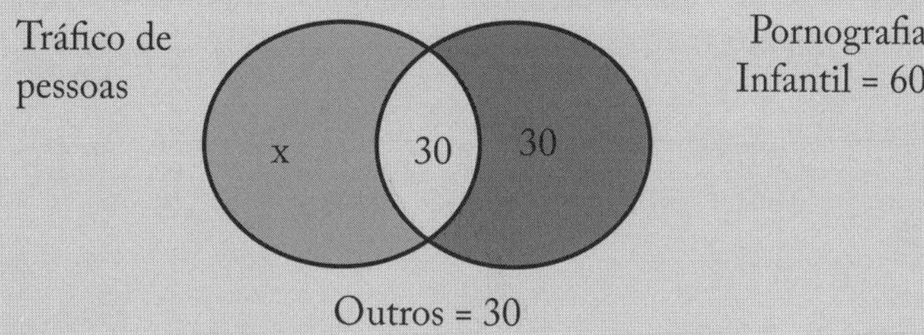

Calculando para encontrar o "x":

$x + 30 + 30 + 30 = 100$

$x + 90 = 100$

$x = 100 - 90$

$x = 10$

Dessa forma, o crime de tráfico de pessoas foi denunciado 40 vezes (30 + 10 = 40), enquanto o crime de pornografia infantil 60 vezes (30 + 30 = 60).

Para as questões 138 a 141

Considere que todos os 80 alunos de uma classe foram levados para um piquenique em que foram servidos salada, cachorro-quente e frutas. Entre esses alunos, 42 comeram salada e 50 comeram frutas. Além disso, 27 alunos comeram cachorro-quente e salada, 22 comeram salada e frutas, 38 comeram cachorro-quente e frutas e 15 comeram os três alimentos. Sabendo que cada um dos 80 alunos comeu pelo menos um dos três alimentos, julgue os próximos itens.

138) **(CESPE – Adaptada)** Quinze alunos comeram somente cachorro-quente.

Gabarito: Errado.

Organizando os dados do enunciado, tem-se a seguinte situação:

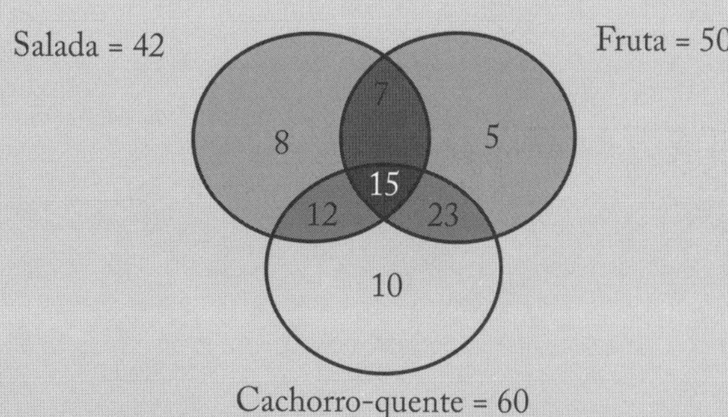

Desta forma, 10 alunos comeram somente cachorro-quente.

139) **(CESPE – Adaptada)** Dez alunos comeram somente salada.
Gabarito: Errado.

Comentário: Organizando os dados do enunciado, tem-se a seguinte situação:

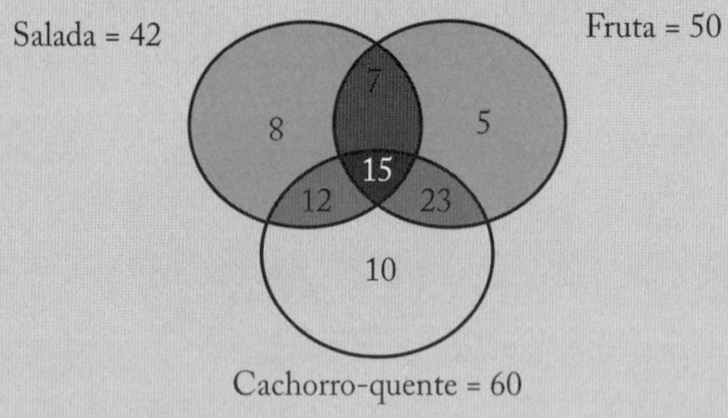

8 alunos comeram somente salada.

140) **(CESPE – Adaptada)** Cinco alunos comeram somente frutas.
Gabarito: Certo.

Comentário: Organizando os dados do enunciado:

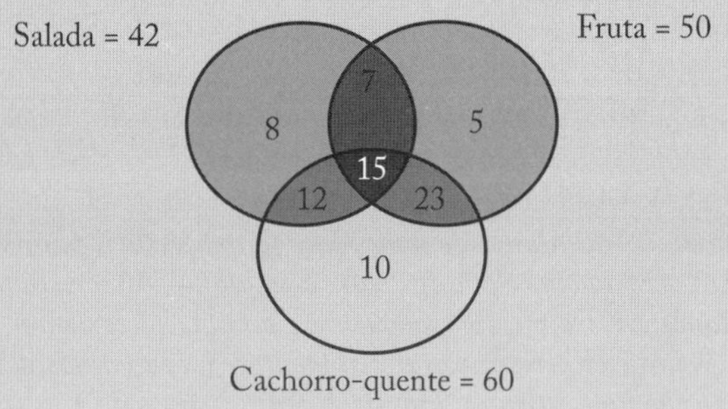

Realmente 5 alunos comeram somente frutas.

141) **(CESPE – Adaptada)** Sessenta alunos comeram cachorro-quente.
Gabarito: Certo.

Comentário: Organizando os dados do enunciado:

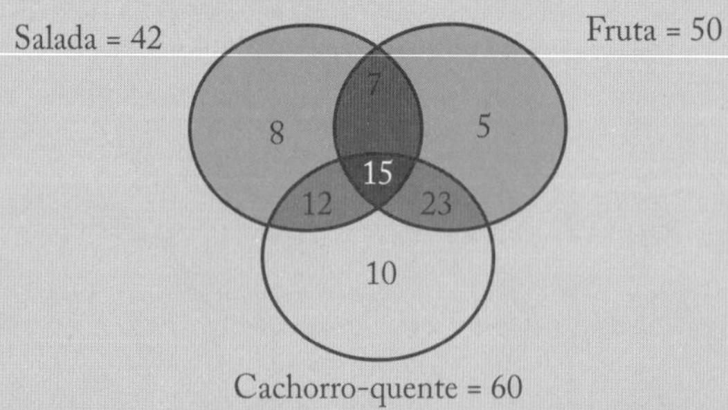

Veja que o total de alunos que comeram cachorro-quente foi 60.

142) **(CESPE – Adaptada)** Considere que os conjuntos A, B e C tenham o mesmo número de elementos, que A e B sejam disjuntos, que a união dos três possuía 150 elementos e que a interseção entre B e C possuía o dobro de elementos da interseção entre A e C. Nesse caso, se a interseção entre B e C possui 20 elementos, então B tem menos de 60 elementos.

Gabarito: Errado.

Comentário: Representando o enunciado:

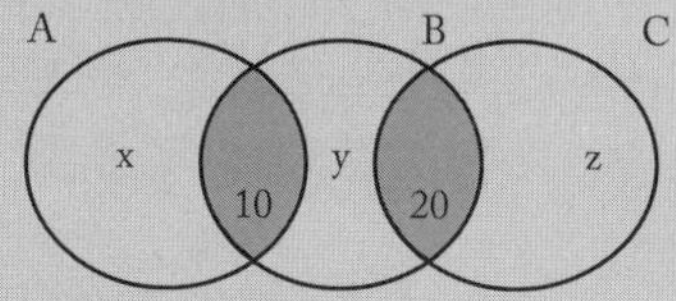

Como A = B = C e A + B + C = 150, tem-se:
I. x + 10 = y + 30 = z +20
II. x + y + z + 30 = 150
Substituindo I em II (x = z + 10 e y = z – 10):
3z + 30 = 150
3z = 120
Z = 40.
Como B = z + 20, então B = 60 elementos.

Para as questões 143 e 144

Em uma escola, uma pesquisa, entre seus alunos, acerca de práticas esportivas de futebol, voleibol e natação revelou que cada um dos entrevistados pratica pelo menos um desses esportes. As quantidades de alunos entrevistados que praticam esses esportes estão mostradas na tabela abaixo.

Esporte	Futebol	Voleibol	Natação	Futebol e Voleibol	Voleibol e Natação	Futebol e Natação	Futebol, Voleibol e Natação
Nº de alunos praticantes	505	250	80	113	17	29	9

Com base nas informações e na tabela acima, julgue os próximos itens.

143) **(CESPE – Adaptada)** Mais de 130 dos alunos praticam apenas 2 dessas atividades esportivas.

Gabarito: Certo.

Comentário: Representando o enunciado da questão, com os dados da tabela, tem-se:

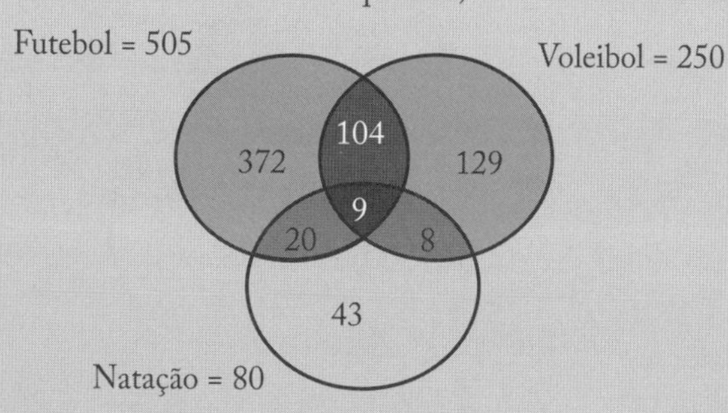

Somando os que praticam apenas 2 atividades, tem-se um total de 132 pessoas (104 + 20 + 8 = 132).

144) **(CESPE – Adaptada)** Entre os alunos, 20 praticam voleibol e natação, mas não jogam futebol.

Gabarito: Errado.

Comentário: Representando o enunciado da questão, com os dados da tabela, tem-se:

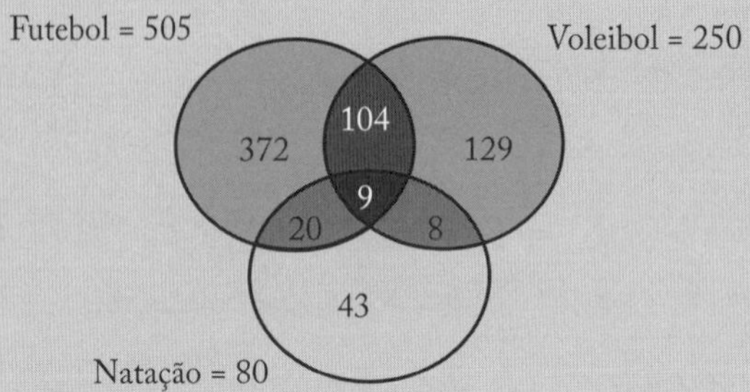

De acordo com o diagrama, nota-se que 20 alunos são os que praticam futebol e natação, mas não jogam vôlei, e 8 são os que praticam vôlei e natação, mas não jogam futebol.

Para as questões 145 a 148

A respeito das auditorias realizadas pelos auditores A1, A2 e A3 de um tribunal de contas, concluiu-se que:

— A1 realizou 70 auditorias;
— A3 realizou 75 auditorias;
— A1 e A3 realizaram, juntos, 55 auditorias;
— A2 e A3 realizaram, juntos, 30 auditorias;
— A1 e A2 realizaram, juntos, 20 auditorias;
— das auditorias que não foram realizadas por A1, somente 18 foram realizadas por A2;
— A1, A2 e A3 realizaram, juntos, 15 auditorias.

Com base nessas informações, julgue os itens a seguir.

145) **(CESPE – Adaptada)** 5 auditorias foram realizadas apenas por A3.

Gabarito: Certo.

Comentário: Representando o enunciado, tem-se:

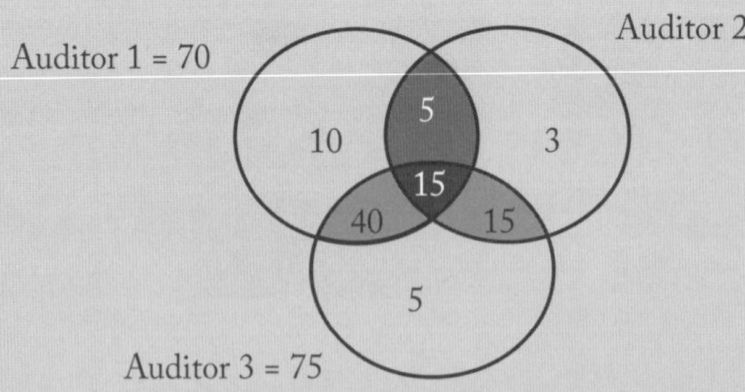

Portanto, 5 auditorias foram realizadas apenas por A3.

146) **(CESPE – Adaptada)** 23 auditorias não foram realizadas por A1.

Gabarito: Certo.

Comentário: Representando o enunciado, tem-se:

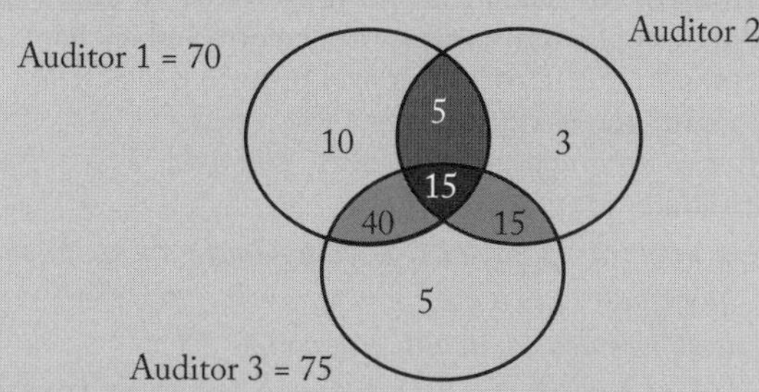

Somando as auditorias que não foram realizadas por A1, tem-se:
3+ 15 + 5 = 23 auditorias.

147) **(CESPE – Adaptada)** Mais de 100 auditorias foram realizadas.

Gabarito: Errado.

Comentário: Representando o enunciado, tem-se:

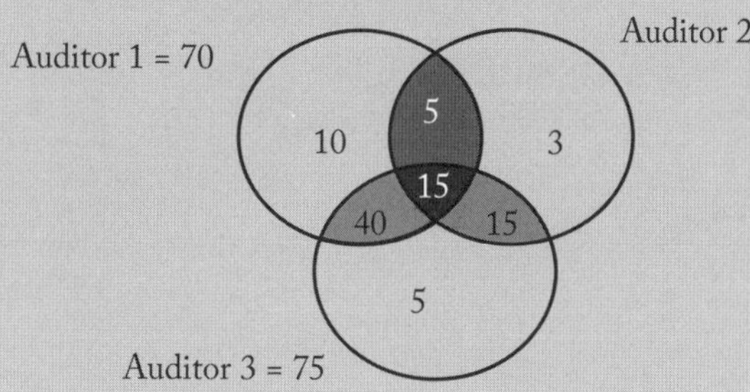

Calculando o total de auditorias realizadas:
10 + 5 + 3 + 40 + 15 + 15 + 5 = 93 auditorias.

148) **(CESPE – Adaptada)** 20 auditorias foram realizadas apenas por A1.

Gabarito: Errado.

Comentário: Representando o enunciado, tem-se:

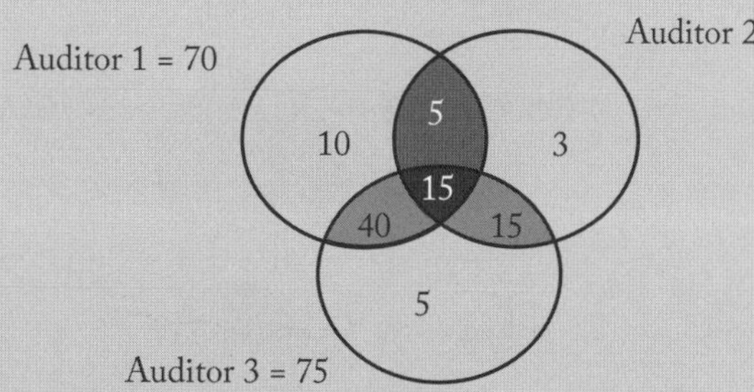

Por A1 foram realizadas somente 10 auditorias.

Para as questões 149 a 152

Em uma pesquisa, 200 entrevistados foram questionados a respeito do meio de transporte que usualmente utilizam para ir ao trabalho. Os 200 entrevistados responderam a indagação e, do conjunto dessas repostas, foram obtidos os seguintes dados:

— 35 pessoas afirmaram que usam transporte coletivo e automóvel próprio;
— 35 pessoas afirmaram que usam transporte coletivo e bicicleta;
— 11 pessoas afirmaram que usam automóvel próprio e bicicleta;
— 5 pessoas afirmaram que usam bicicleta e vão a pé;
— 105 pessoas afirmaram que usam transporte coletivo;
— 30 pessoas afirmaram que só vão a pé;

Ninguém afirmou usar transporte coletivo, automóvel e bicicleta; e o número de pessoas que usam bicicleta é igual ao número de pessoas que usam automóvel próprio.

Com base nessa situação, julgue os itens subsequentes.

149) **(CESPE – Adaptada)** O número de pessoas que só usam bicicleta é inferior ao número de pessoas que só usam automóvel próprio.

Gabarito: Certo.

Comentário: Organizando os dados, de acordo com o enunciado, fica:

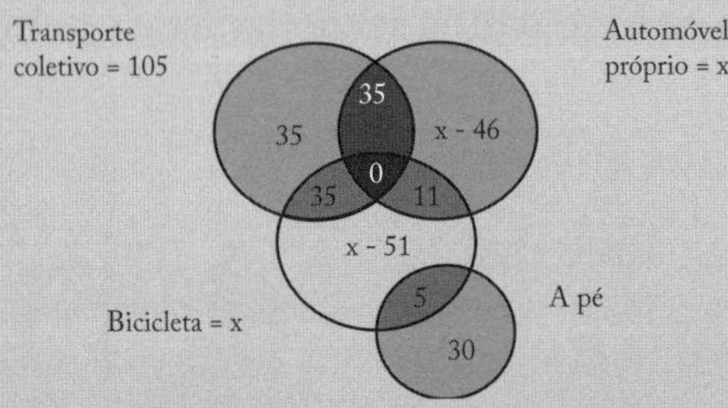

Calculando o valor de X:
2x + 151 – 97 = 200
2x = 200 – 54
2x = 146
X = 146/2
X = 73
Sendo assim, os que usam só bicicleta são 22 (73 – 51 = 22); já os que usam só automóvel próprio são 27 (73 – 46 = 27).

150) **(CESPE – Adaptada)** O número de pessoas que usam apenas transporte coletivo para ir ao trabalho é igual a 35.

Gabarito: Certo.

Comentário: Organizando os dados, de acordo com o enunciado, fica:

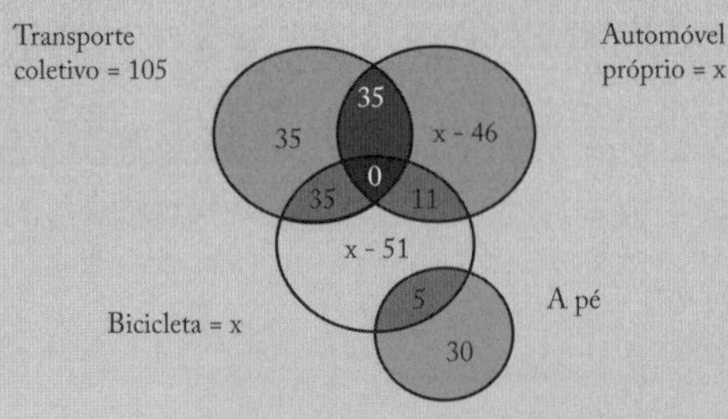

Observe que exatamente 35 pessoas usam somente o transporte coletivo.

151) **(CESPE – Adaptada)** O número de pessoas que usam transporte coletivo é o triplo do número de pessoas que vão a pé.

Gabarito: Certo.

Comentário: Organizando os dados de acordo com o enunciado, fica:

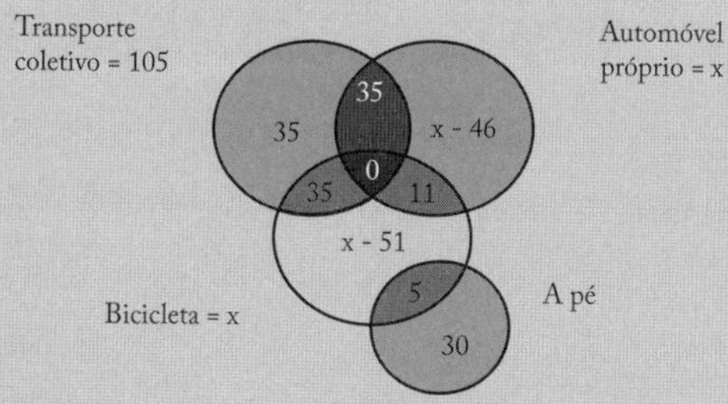

Os que vão a pé são 35 pessoas (30 + 5 = 35); os que usam o transporte coletivo são, ao todo, 105; esse valor é exatamente o triplo de 35 (3 x 35 = 105).

152) **(CESPE – Adaptada)** O número de pessoas que somente usam automóvel próprio é superior ao número de pessoas que só vão ao trabalho a pé.

Gabarito: Errado.

Comentário: Organizando os dados, de acordo com o enunciado, tem-se:

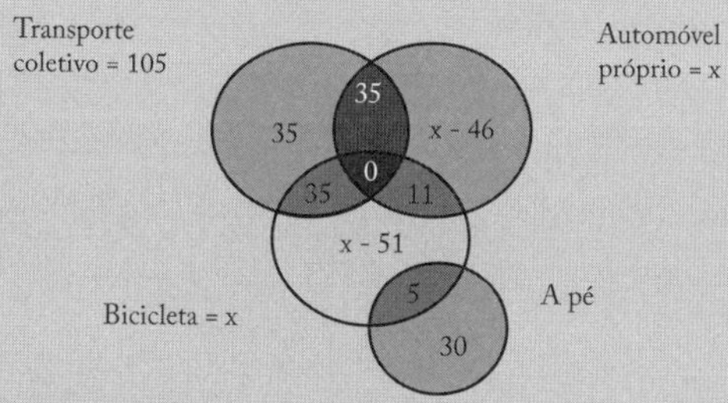

Calculando o valor de X:

$2x + 151 - 97 = 200$

$2x = 200 - 54$

$2x = 146$

$X = 146/2$

$X = 73$

Sendo assim, os que usam só automóvel próprio são 27 (73 – 46 = 27); já os que vão somente a pé são 30.

153) **(CESPE – Adaptada)** Uma empresa possui 13 postos de trabalho para técnicos em contabilidade, 10 para técnicos em sistemas operacionais e 12 para técnicos em eletrônica. Alguns técnicos ocupam mais de um posto de trabalho, isto é, 4 são técnicos em contabilidade e em sistemas operacionais, 5 são técnicos em sistemas operacionais e em eletrônica e 3 possuem todas as três especialidades. Nessas condições, se há 22 técnicos nessa empresa, então 7 deles são técnicos em contabilidade e em eletrônica

Gabarito: Certo.

Comentário: Representando e organizando os dados da questão tem-se a seguinte situação:

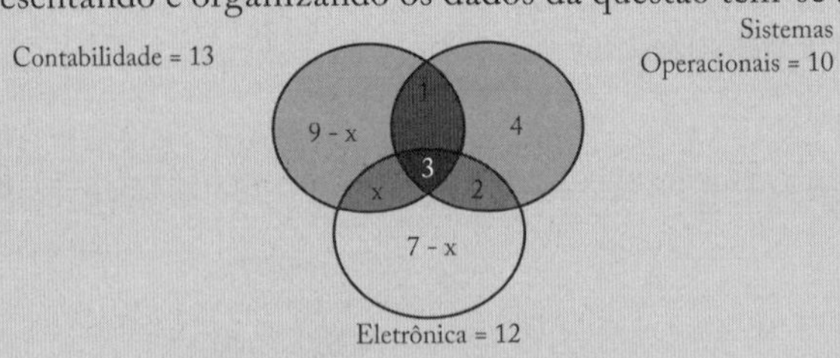

Como são 22 o total de técnicos na empresa, o valor de x é (somando todos os valores):

26 – x = 22

- x = 22 – 26

- x = - 4 (-1)

x = 4

Observando a interseção dos técnicos em contabilidade e em eletrônica, vemos que ela tem 7 elementos (x + 3 = 4 + 3 = 7).

Para as questões 154 e 155

No curso de línguas Esperanto, os 180 alunos estudam inglês, espanhol ou grego. Sabe-se que 60 alunos estudam espanhol e que 40 estudam somente inglês e espanhol. Com base nessa situação, julgue os itens que se seguem.

154) **(CESPE – Adaptada)** Se 40 alunos estudam somente grego, então mais de 90 alunos estudam somente inglês.

Gabarito: Errado.

Comentário: De acordo com o enunciado, uma representação para esses conjuntos seria:

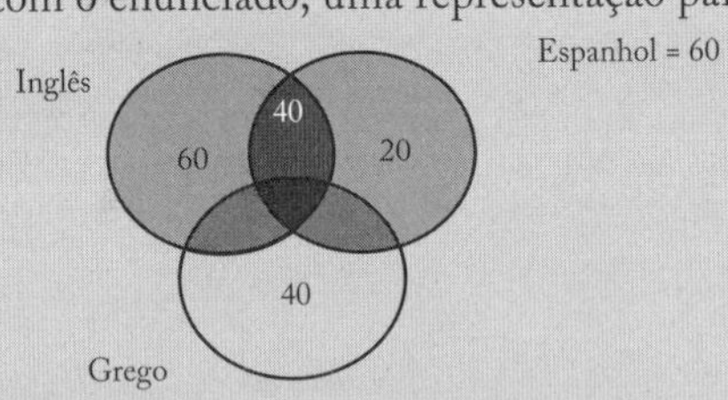

No máximo, 80 alunos podem estudar somente inglês.

155) **(CESPE – Adaptada)** Se os alunos que estudam grego estudam também espanhol e nenhuma outra língua mais, então há mais alunos estudando inglês do que espanhol.

Gabarito: Certo.

Comentário: De acordo com o enunciado, uma representação para esses conjuntos seria:

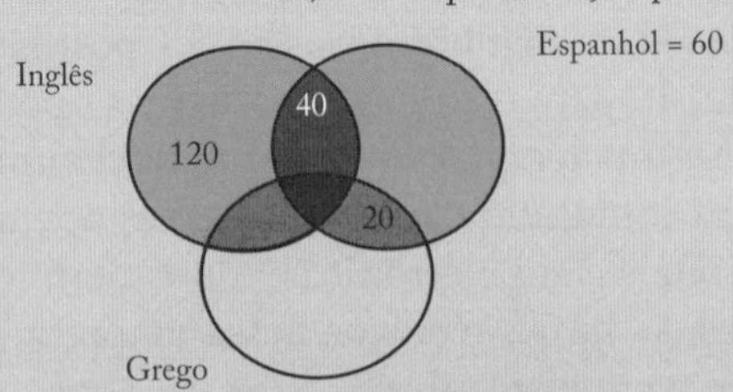

Nesse caso, 160 alunos estudando inglês e só 60 estudando espanhol.

Para as questões 156 a 157

Uma pesquisa realizada com um grupo de 35 técnicos do MPU a respeito da atividade I - planejamento estratégico institucional - e da atividade II - realizar estudos, pesquisas e levantamento de dados - revelou que 29 gostam da atividade I e 28 gostam da atividade II. Com base nessas informações, julgue os itens que se seguem.

156) **(CESPE – Adaptada)** A quantidade máxima de técnicos desse grupo que não gosta de nenhuma das duas atividades é inferior a 7.

Gabarito: Certo.

Comentário: Considerando que todos que gostam da atividade II gostem também da atividade I, tem-se a seguinte representação para o enunciado da questão:

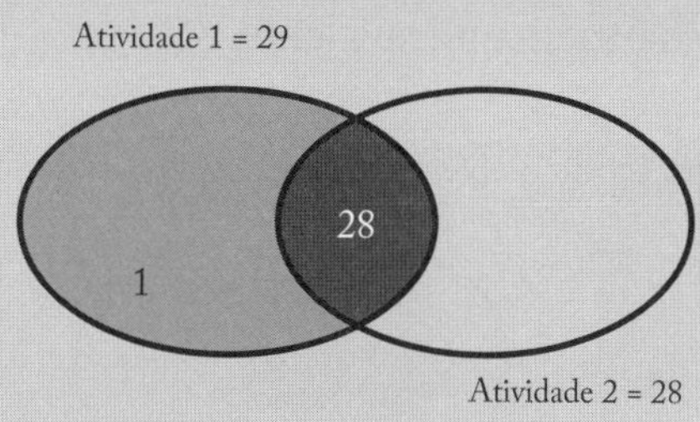

Dessa forma, se 35 é o total de técnicos, então 6 (35 – 29 = 6) são os técnicos que não gostam de nenhuma das atividades.

157) **(CESPE – Adaptada)** Infere-se dos dados que a quantidade mínima de técnicos desse grupo que gostam das duas atividades é superior a 20.

Gabarito: Certo.

Comentário: Para calcular a quantidade mínima dos que gostam das duas atividades, todos precisam estar gostando de alguma delas; com isso, tem-se:

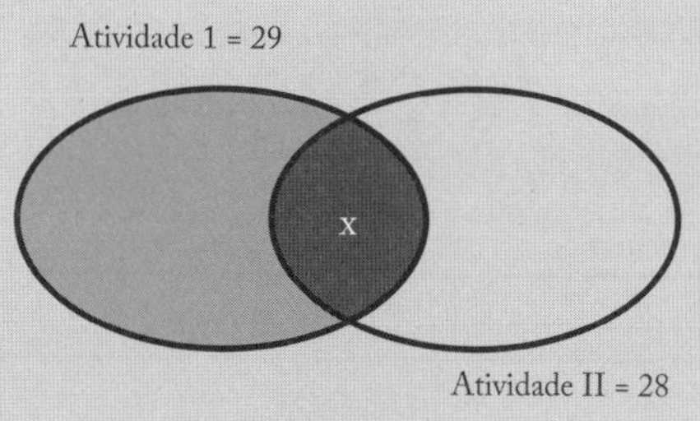

Calculando o valor de X:

$n(A \cup B) = n(A) + n(B) - n(A \cap B)$

$35 = 29 + 28 - x$

$X = 57 - 35$

$X = 22$ técnicos.

O prefeito de certo município encomendou uma pesquisa para avaliar a adesão da população local às campanhas de vacinação. Uma das perguntas feitas aos pais questionava quais doses entre as três doses da vacina tetravalente seus filhos tinham tomado, considerando que cada dose pode ser tomada independentemente da outra. O resultado da pesquisa, que obteve informações advindas de 480 crianças, apontou que:

— 120 crianças tomaram as três doses;
— 130 tomaram a primeira e a segunda dose;
— 150 tomaram a segunda e a terceira dose;
— 170 tomaram a primeira e a terceira dose;
— 270 tomaram a primeira dose;
— 220 tomaram a segunda dose;
— 50 não tomaram nenhuma das três doses.

Outra pergunta dessa mesma enquete era referente à vacina BCG, cuja dose é única.

De acordo com os dados acima, julgue o item que se segue.

158) **(CESPE – Adaptada)** Na situação considerada, mais de 80 crianças tomaram apenas a terceira dose da vacina tetravalente.

Gabarito: Errado.

Comentário: Representando o enunciado da questão, tem-se:

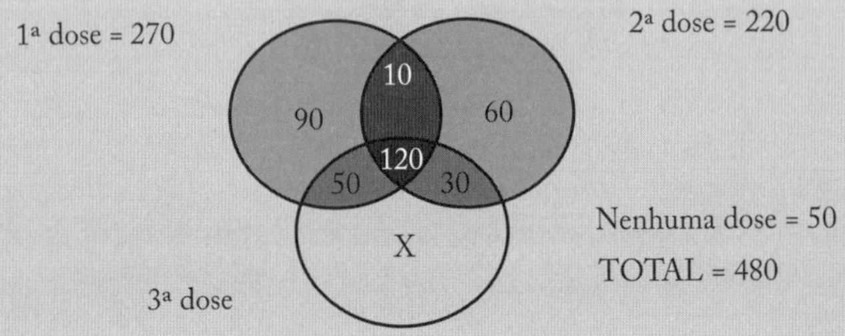

Calculando o valor de X:

$90 + 10 + 60 + 50 + 120 + 30 + X + 50 = 480$

$X = 480 - 410$

$X = 70$

Logo, 70 crianças tomaram apenas a 3ª dose.

Anotações

Análise Combinatória

159) **(CESPE - Adaptada)** Considere que, na disputa entre duas equipes, a primeira que vencer 4 jogos será considerada vencedora. Se uma das equipes – A – tiver vencido os 3 primeiros confrontos, então o gráfico a seguir é capaz de representar todas as possibilidades de A vencer a disputa.

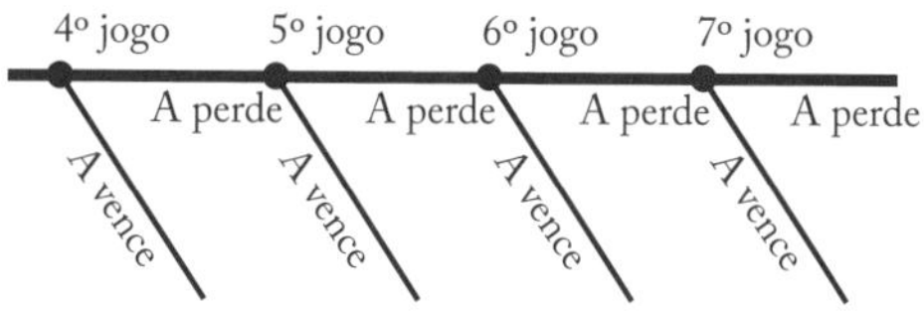

Gabarito: Certo.

Comentário: Esta é uma questão muito mais de observação do que propriamente de cálculo, já que se A ganhou os 3 primeiros jogos e para uma equipe ser vencedora precisa ganhar 4 jogos, então o gráfico representa, de fato, todas as possibilidades para A vencer a disputa.

A ganhou os 3 primeiros, se A perder os 3 seguintes, tem-se, então, 6 jogos; o 7º jogo decidirá a disputa, quer seja a favor de A ou contra A.

160) **(CESPE - Adaptada)** O número de cadeias distintas de 14 caracteres que podem ser formadas apenas com as letras da palavra PAPILOSCOPISTA é inferior a 10^8.

Gabarito: Errado.

Comentário: Cadeias distintas de 14 caracteres = anagramas da palavra PAPILOSCOPISTA.

Como a palavra PAPILOSCOPISTA tem 3 P, 2 S, 2 O, 2 A, 2 I, tem-se uma questão de permutação com elementos repetidos.

$$P_{14}^{3,2,2,2,2} = \frac{14!}{3! \times 2! \times 2! \times 2! \times 2!} =$$

$$P_{14}^{3,2,2,2,2} = \frac{14 \times 13 \times 12 \times 11 \times 10 \times 9 \times 8 \times 7 \times 6 \times 5 \times 4 \times 3}{3! \times 2 \times 1 \times 2 \times 1 \times 2 \times 1 \times 2 \times 1}$$

Simplificando o numerador com o denominador:

$$P_{14}^{3,2,2,2,2} = 14 \times 13 \times 12 \times 11 \times 10 \times 9 \times 2 \times 7 \times 6 \times 5 = 908.107.200$$

$10^8 = 100.000.000$

Veja que 908.107.200 é superior a 100.000.000.

Para as questões 161 a 164

Conta-se na mitologia grega que Hércules, em um acesso de loucura, matou sua família. Para expiar seu crime, foi enviado à presença do rei Euristeu, que lhe apresentou uma série de provas a serem cumpridas por ele, conhecidas como Os doze trabalhos de Hércules. Entre esses trabalhos, encontram-se: matar o leão de Nemeia, capturar a corça de Cerineia e capturar o javali de Erimanto. Considere que a Hércules seja dada a escolha de preparar uma lista colocando em ordem os doze trabalhos a serem executados, e que a escolha dessa ordem seja totalmente aleatória. Além disso, considere que somente um trabalho seja executado de cada vez. Com relação ao número de possíveis listas que Hércules poderia preparar, julgue os itens subsequentes.

161) **(CESPE - Adaptada)** O número máximo de possíveis listas que Hércules poderia preparar é superior a $12 \times 10!$.

Gabarito: Certo.

Comentário: Como são 12 trabalhos e ele terá que realizar os 12, devendo apenas por na ordem que irá executá-los, tem-se, então, uma permutação de 12, ou seja:

$P_{12} = 12!$

$P_{12} = 12 \times 11 \times 10!$

As permutações ocorrem sempre que os elementos envolvidos no cálculo não possam ser repetidos; a ordem em que aparecem faz diferença no resultado e são utilizados todos os elementos.

A questão fala em um número superior a $12 \times 10!$.

Veja que de fato isso ocorre, já que $12 \times 11 \times 10!$ é maior que $12 \times 10!$.

162) **(CESPE - Adaptada)** O número máximo de possíveis listas contendo o trabalho "matar o leão de Nemeia" na primeira posição é inferior a $240 \times 990 \times 56 \times 30$.

Gabarito: Certo.

Comentário: Segundo o mesmo raciocínio da questão anterior, para que o trabalho "matar o leão de Nemeia" fique na primeira posição, restariam os outros 11 trabalhos a serem realizados, o que dá permutação de 11, ou seja:

$P_{11} = 11!$

$P_{11} = 11 \times 10 \times 9 \times 8 \times 7 \times 6 \times 5 \times 4 \times 3 \times 2 \times 1 = 39.916.800$

Já, $240 \times 990 \times 56 \times 30 = 399.168.000$

39.916.800 é inferior a 399.168.000.

163) **(CESPE - Adaptada)** O número máximo de possíveis listas contendo os trabalhos "capturar a corça de Cerineia" na primeira posição e "capturar o javali de Erimanto" na terceira posição é inferior a $72 \times 42 \times 20 \times 6$.

Gabarito: Errado.

Comentário: Segundo o mesmo raciocínio da questão anterior, e colocando esses dois trabalhos nas posições indicadas, restam ainda 10 trabalhos, o que dá permutação de 10.

$P_{10} = 10!$

$P_{10} = 10 \times 9 \times 8 \times 7 \times 6 \times 5 \times 4 \times 3 \times 2 \times 1 = 3.628.800$

$72 \times 42 \times 20 \times 6 = 362.880$

3.628.800 é superior a 362.880.

164) **(CESPE - Adaptada)** O número máximo de possíveis listas contendo os trabalhos "capturar a corça de Cerineia" e "capturar o javali de Erimanto" nas últimas duas posições, em qualquer ordem, é inferior a $6! \times 8!$.

Gabarito: Certo.

Comentário: Com esses 2 trabalhos nas 2 últimas posições, sobram ainda 10 trabalhos, que serão organizados em permutação de 10; porém, o resultado dessa permutação terá que ser multiplicado por 2 já que a ordem dos dois últimos trabalhos não faz diferença; então, tem-se 2 opções para realizá-los. Assim:

$2 \times P_{10}$

$2 \times 10!$

$2 \times 10 \times 9 \times 8 \times 7 \times 6 \times 5 \times 4 \times 3 \times 2 \times 1 = 7.257.600$

Agora:

$6! \times 8! = 6 \times 5 \times 4 \times 3 \times 2 \times 1 \times 8 \times 7 \times 6 \times 5 \times 4 \times 3 \times 2 \times 1 = 29.030.400$

Nota-se que 7.257.600 é bem inferior a 29.030.400.

Considerando que, em um torneio de basquete, as 11 equipes inscritas serão divididas nos grupos A e B, e que, para formar o grupo A, serão sorteadas 5 equipes, julgue o item que se segue.

165) **(CESPE - Adaptada)** A quantidade de maneiras distintas de se escolher as 5 equipes que formarão o grupo A será inferior a 400.

Gabarito: Errado.

Comentário: Ao todo são 11 times, dos quais queremos 5 para formar o grupo A.

Como são 5 times diferentes e a ordem de escolha desses times não faz diferença para a formação final do grupo, estamos diante de uma questão de combinação.

Logo:

$$C_{n,p} = \frac{n!}{p! \times (n-p)!}$$

$$C_{11,5} = \frac{11!}{5! \times 6!}$$

$$C_{11,5} = \frac{11 \times 10 \times 9 \times 8 \times 7 \times 6!}{5 \times 4 \times 3 \times 2 \times 1 \times 6!}$$

Simplificando o numerador com o denominador, tem-se:

$$C_{11,5} = \frac{11 \times 2 \times 3 \times 2 \times 7}{2}$$

$$C_{11,5} = \frac{924}{2}$$

$C_{11,5} = 462$ opções.

462 é maior do que 400, portanto a questão está errada.

Para as questões 166 e 167

Dez policiais federais – dois delegados, dois peritos, dois escrivães e quatro agentes – foram designados para cumprir mandado de busca e apreensão em duas localidades próximas à superintendência regional. O grupo será dividido em duas equipes. Para tanto, exige-se que cada uma seja composta, necessariamente, por um delegado, um perito, um escrivão e dois agentes. Considerando essa situação hipotética, julgue os itens que se seguem.

166) **(CESPE - Adaptada)** Se todos os policiais em questão estiverem habilitados a dirigir, então, formadas as equipes, a quantidade de maneiras distintas de se organizar uma equipe dentro de um veículo com cinco lugares – motorista e mais quatro passageiros – será superior a 100.

Gabarito: Certo.

Comentário: Já que serão utilizados todos os elementos e a ordem desses elementos faz diferença no resultado da organização da equipe, trata-se de uma questão de permutação.

Como são 5 pessoas, tem-se então:

$P_5 = 5!$

$P_5 = 5 \times 4 \times 3 \times 2 \times 1$

$P_5 = 120$ maneiras diferentes.

167) **(CESPE - Adaptada)** Há mais de 50 maneiras diferentes de compor as referidas equipes.

Gabarito: Errado.

Comentário: Para compor as equipes, a ordem de escolha das pessoas não faz diferença e um mesmo policial não pode ser escolhido duas vezes para a mesma equipe, então a questão é de combinação.

A equipe será composta por:

1 delegado E 1 perito E 1 escrivão E 2 agentes.

Calculando:

$C_{2,1} \times C_{2,1} \times C_{2,1} \times C_{4,2} =$

$C_{2,1} = 2$

$C_{4,2} = 6$

$2 \times 2 \times 2 \times 6 = 48$ maneiras

Uma grande empresa cataloga seus bens patrimoniais usando códigos formados por uma cadeia de 6 caracteres, sendo três letras iniciais, escolhidas em um alfabeto de 26 letras, seguidas de 3 dígitos, cada um escolhido no intervalo de 0 a 9, não se permitindo códigos com 3 letras iguais e(ou) 3 dígitos iguais.

168) **(CESPE - Adaptada)** Nessa situação, a empresa dispõe de até 10^7 códigos distintos para catalogar seus bens.

Gabarito: Errado.

Comentário: De acordo com a questão, só não são permitidos códigos com as 3 letras iguais e (ou) 3 dígitos iguais.

Se os elementos podem ser repetidos, e a ordem desses elementos faz diferença no resultado (em códigos e/ou senhas a ordem dos elementos faz diferença no resultado), o cálculo a ser feito será por P.F.C. (Princípio Fundamental da Contagem).

Calculando o total de códigos, inclusive com as 3 letras iguais e os 3 números iguais, fica:

Letra E Letra E Letra E Dígito E Dígito E Dígito

$26 \times 26 \times 26 \times 10 \times 10 \times 10 = 17.576.000$

Agora, contando os códigos com as 3 letras iguais, tem-se:

$26 \times 1000 = 26.000$ códigos (são 26 letras "vezes" os dígitos);

Com os 3 números iguais dá:

$10 \times 17576 = 175.760$ (são 10 dígitos "vezes" as letras);

E com as 3 letras e os 3 números iguais fica:

$26 \times 10 = 260$ códigos (são 26 letras "vezes" os 10 números).

Juntando esses códigos – que não são permitidos – obtém-se um total de 201.500 códigos ($26.000 + 175.760 - 260 = 201.500 \rightarrow$ usando a fórmula para calcular o número de elementos da união de dois conjuntos).

Ao retirar, do total de códigos, aqueles que não são permitidos, tem-se:

$17.576.000 - 201.500 = 17.374.500$

Como $10^7 = 10.000.000$ e a questão fala "de até" 10^7, o que seria "no máximo" esse valor, a questão está errada, já que 17.374.500 é maior do que 10.000.000.

A Polícia Federal brasileira identificou pelo menos 17 cidades de fronteira como locais de entrada ilegal de armas; 6 dessas cidades estão na fronteira do Mato Grosso do Sul (MS) com o Paraguai.
Internet: <www.estadao.com.br> (com adaptações).

Considerando as informações do texto acima, julgue o próximo item.

169) **(CESPE - Adaptada)** Se uma organização criminosa escolher 6 das 17 cidades citadas no texto, com exceção daquelas da fronteira do MS com o Paraguai, para a entrada ilegal de armas no Brasil, então essa organização terá mais de 500 maneiras diferentes de fazer essa escolha.

Gabarito: Errado.

Comentário: Ao todo são 17 cidades, mas 6 ficam no MS, então só se tem disponíveis para serem escolhidas 11 cidades, das quais se quer 6.

Como são 6 cidades diferentes e a ordem de escolha dessas cidades não faz diferença no resultado final, trata- de uma questão de combinação.

Assim:

$$C_{n,p} = \frac{n!}{p! \times (n-p)!}$$

$$C_{11,5} = \frac{11!}{6! \times 5!}$$

$$C_{11,5} = \frac{11 \times 10 \times 9 \times 8 \times 7 \times 6!}{6! \times 5 \times 4 \times 3 \times 2 \times 1}$$

Simplificando o numerador com o denominador, tem-se:

$$C_{11,5} = \frac{11 \times 2 \times 3 \times 2 \times 7}{2}$$

$$C_{11,5} = \frac{924}{2}$$

$C_{11,6} = 462$ opções

Veja que 462 é menor que 500.

Para as questões 170 e 171

Um auditor do trabalho deve analisar 20 processos: 5 a respeito de segurança no trabalho, 7 a respeito de FGTS e 8 a respeito de jornada de trabalho. Considerando que esses processos sejam colocados sobre a mesa de trabalho do auditor, de maneira aleatória, formando uma pilha, julgue os itens que se seguem.

170) **(CESPE - Adaptada)** Se processos relativos a temas idênticos ficarem juntos, então a quantidade de maneiras distintas de se formar uma pilha com essa característica será inferior a $(5!)^3 \times 7^2 \times 2^9$.

Gabarito: Errado.

Comentário: Considerando que os temas idênticos ficarão sempre juntos e que são organizados todos os processos, o total de possibilidades para a formação da pilha de processo é um cálculo de permutação igual a:

$P_5 \times P_7 \times P_8 \times P_3 =$

$5! \times 7! \times 8! \times 3! =$

$120 \times 5040 \times 40320 \times 6 = 146.313.216.000$

Já $(5!)^3 \times 7^2 \times 2^9 =$

$120^3 \times 49 \times 512 = 1.728.000 \times 25.088 = 43.352.064.000$

Veja que 146.313.216.000 é maior do que 43.352.064.000.

171) **(CESPE - Adaptada)** Se os processos relativos a FGTS ficarem sempre na parte superior da pilha, então uma pilha com essa característica poderá ser formada de 13! × 7! maneiras distintas.

Gabarito: Certo.

Comentário: Como não foi mencionado nada dos outros processos para organizar a pilha de processo com essas características tem-se uma permutação:

$P_7 \times P_{13} = 7! \times 13!$

Nota-se que é exatamente o valor (na fórmula) mencionado na questão.

Para as questões 172 e 173.

Dos 24 repórteres que buscam notícias para um telejornal local, metade sai às ruas em busca de notícias todos os dias e cada um tem a obrigação de trazer à redação exatamente uma matéria. A outra metade permanece na redação, editando suas matérias e planejando as atividades do dia seguinte. Das 12 matérias que chegam diariamente à redação, em razão de limitações de tempo, apenas 10 vão ao ar. O editor chefe escolhe, pela ordem, aquelas de maior impacto, seguidas daquelas que darão maior audiência. Antes, porém, de ir ao ar, cada matéria passa pelos seguintes processos de controle de qualidade: 1º relevância; 2º adequação ao tempo; 3º revisão linguística; 4º diagramação do texto. Esse controle de qualidade é feito por 4 profissionais, todos capacitados para realizar qualquer dos processos de controle e, em cada dia, cada um realiza apenas um dos processos. Com base nessa situação, julgue os itens a seguir.

172) **(CESPE - Adaptada)** O editor chefe dispõe de 12!/2 maneiras diferentes de escolher as 10 notícias que irão ao ar.

Gabarito: Certo.

Comentário: Esta questão deve ser resolvida com a fórmula do ARRANJO, uma vez que as matérias não podem ser "repetidas" e a "ordem" das mesmas é levada em conta.

Para calcular os arranjos, usa-se a fórmula:

$$A_{n,p} = \frac{n!}{(n-p)!}$$

Em que "n" corresponde ao número total de elementos do conjunto e "p" representa o número de elementos utilizados do conjunto.

Na questão, "n" é igual a 12, pois são 12 matérias que chegam diariamente na redação, e "p" é igual a 10, pois das 12 apenas 10 são utilizadas.

Calculando agora:

$$A_{n,p} = \frac{n!}{(n-p)!}$$

$$A_{12,10} = \frac{12!}{(12-10)!}$$

$$A_{12,10} = \frac{12!}{2!}$$

$$A_{12,10} = \frac{12!}{2 \times 1}$$

$$A_{12,10} = \frac{12!}{2}$$

Perceba que é exatamente o valor apresentado pela questão.

173) **(CESPE - Adaptada)** Considere que, a cada dia, a saída dos repórteres às ruas em busca de notícias não dependa das atividades exercidas no dia anterior. Nesse caso, a quantidade de maneiras distintas de se selecionarem os repórteres que irão às ruas em busca de notícias em determinado dia é igual a 24!/12!.

Gabarito: Errado.

Comentário: Usa-se COMBINAÇÕES para resolver essa questão, pois a "ordem" dos repórteres não faz diferença, nem depende dos que saíram no dia anterior.
Para calcular as combinações, usa-se a fórmula:

$$C_{n,p} = \frac{n!}{p! \times (n-p)!}$$

Em que "n" corresponde ao número total de elementos do conjunto, e "p" representa o número de elementos utilizados do conjunto.
Na questão, "n" é igual a 24, pois há 24 repórteres na redação, e "p" é igual a 12, pois dos 24 apenas 12 repórteres vão às ruas.
Calculando:

$$C_{n,p} = \frac{n!}{p! \times (n-p)!}$$

$$C_{24,12} = \frac{24!}{12! \times (24-12)!}$$

$$C_{24,12} = \frac{24!}{12! \times 12!}$$

O valor não é igual ao apresentado na questão.

Em cada um dos itens subsequentes, é apresentada uma situação hipotética, seguida de uma assertiva a ser julgada.

174) **(CESPE - Adaptada)** Uma concessionária oferece aos clientes as seguintes opções para a aquisição de um veículo: 4 cores externas, 4 cores internas, 4 ou 5 marchas, com ou sem ar condicionado, com ou sem direção hidráulica, com ou sem vidros e travas elétricas. Desse modo, são, no máximo, 128 as opções distintas para a escolha de um veículo.

Gabarito: Errado.

Comentário: Utilizando o princípio multiplicativo do P.F.C., uma vez que a composição do carro se dará com 1 cor externa (dentre 4) E 1 cor interna (dentre 4) E 1 opção de marcha (dentre 2) E com ou sem ar condicionado (2 opções) E com ou sem direção hidráulica (2 opções) E com ou sem vidros e travas elétricas (2 opções), tem-se o seguinte cálculo:
$4 \times 4 \times 2 \times 2 \times 2 \times 2 = 256$ opções de escolha do veículo.

175) **(CESPE - Adaptada)** Os ramais de telefone em uma repartição tem 4 dígitos, formatados com os algarismos 0, 1, ..., 9. Se esses números possuem pelo menos um dígito repetido, então a quantidade de números de ramais que é possível formar é superior a 4.000.

Gabarito: Certo.

Comentário: Para resolver essa questão, calcula-se, primeiramente, todas as possibilidades:
$10 \times 10 \times 10 \times 10 = 10.000$
Depois, calcula-se todos os algarismos distintos:
$10 \times 9 \times 8 \times 7 = 5.040$
Subtraindo do total de possibilidades de ramal (10.000) as possibilidades que têm todos os algarismos distintos (5.040), o resultado será o número de ramais que possui pelo menos um dígito repetido:
10.000 - 5.040 = 4.960

176) **(CESPE - Adaptada)** Um juiz deve sortear 5 homens e 6 mulheres para formar o corpo de jurados no tribunal do júri, entre 10 homens e 13 mulheres convocados. Nessa situação, o número de possibilidades diferentes de se formar o corpo de jurados é inferior a 1.970.

Gabarito: Errado.

Comentário: Como são 5 homens dentre 10 E 6 mulheres dentre 13, todos diferentes, e a ordem não altera o resultado da escolha, será usada a COMBINAÇÃO de 10 (total de homens disponíveis) em 5 (homens utilizados no júri) E de 13 (total de mulheres disponíveis) em 6 (mulheres utilizados no júri) para a composição desse júri:

$$C_{n,p} = \frac{n!}{p! \times (n-p)!}$$

$$C_{10,5} = \frac{10!}{5! \times (10-5)!}$$

$$C_{10,5} = \frac{10!}{5! \times 5!}$$

$$C_{10,5} = \frac{10 \times 9 \times 8 \times 7 \times 6 \times 5!}{5 \times 4 \times 3 \times 2 \times 1 \times 5!}$$

Simplificando 5! do numerador com 5! do denominador:

$$C_{10,5} = \frac{10 \times 9 \times 8 \times 7 \times 6}{5 \times 4 \times 3 \times 2 \times 1}$$

$$C_{10,5} = \frac{30240}{120}$$

$$C_{10,5} = 252$$

$$C_{13,6} = \frac{13!}{6! \times (13-6)!}$$

$$C_{13,6} = \frac{13!}{6! \times 7!}$$

$$C_{13,6} = \frac{13 \times 12 \times 11 \times 10 \times 9 \times 8 \times 7!}{6 \times 5 \times 4 \times 3 \times 2 \times 1 \times 7!}$$

Simplificando 7! do numerador com 7! do denominador:

$$C_{13,6} = \frac{13 \times 12 \times 11 \times 10 \times 9 \times 8}{6 \times 5 \times 4 \times 3 \times 2 \times 1}$$

$$C_{13,6} = \frac{1235520}{720}$$

$$C_{13,6} = 1716$$

Juntando os homens E as mulheres:

252 $\times$ 1716 = 432.432 possibilidades diferentes de compor o corpo de jurados.

Considerando uma corrida de Fórmula 1 com a participação de 22 carros e 22 pilotos igualmente competitivos, julgue o item a seguir

177) **(CESPE - Adaptada)** Se sete carros quebrarem durante a corrida e seus pilotos forem obrigados a abandoná-la antes da bandeirada final, então a quantidade de maneiras diferentes de se formar a dupla dos primeiros classificados será inferior a 200.

Gabarito: Errado.

Comentário: Esta é uma questão de ARRANJO, uma vez que a "ordem" dos pilotos no pódio é levada em consideração, porque um mesmo piloto não pode ocupar dois lugares no pódio.
Para calcular, usa-se a fórmula do arranjo:

$$A_{n,p} = \frac{n!}{(n-p)!}$$

Em que "n" corresponde ao número total de elementos do conjunto, e "p" representa o número de elementos utilizados do conjunto.
Na questão, "n" é igual a 15, pois dos 22 carros que iniciaram a corrida 7 a abandonaram antes do fim (22 – 7 = 15), e "p" é igual a 2, pois se deseja saber, apenas, sobre a dupla dos primeiros colocados.
Calculando:

$$A_{n,p} = \frac{n!}{(n-p)!}$$

$$A_{15,2} = \frac{15!}{(15-2)!}$$

$$A_{15,2} = \frac{15!}{13!}$$

$$A_{15,2} = \frac{15 \times 14 \times 13!}{13!}$$

Simplificando 13! do numerador com 13! do denominador, fica:
$A_{15,2} = 15 \times 14 = 210$
Portanto, são 210 maneiras de compor o pódio com a dupla campeã.

Para as questões 178 a 180

Os princípios de contagem, na matemática, incluem:

I – Princípio da Soma: se um evento E_1 pode ocorrer de N_1 maneiras distintas, E_2, de N_2 maneiras distintas, ..., E_k, de N_k maneiras distintas, e se quaisquer dois eventos não podem ocorrer simultaneamente, então um dos eventos pode ocorrerem $N_1 + N_2 + ... + N_k$ maneiras distintas.

II – Princípio da Multiplicação: considere que E_1, E_2, ..., E_k são eventos que ocorrem sucessivamente; se o evento E_1 pode ocorrer de N_1 maneiras distintas, o evento E_2 pode ocorrer de N_2 maneira distintas, ..., o evento E_k pode ocorrer de N_k maneiras distintas, então todos esses eventos podem ocorrer, na ordem indicada, em $N_1 \times N_2 \times ... \times N_k$ maneiras distintas.

Considerando o texto acima e a informação do portal www.mp.to.gov.br, de que, no Ministério Público do Estado do Tocantins (MPE/TO), há 85 promotores de justiça e 12 procuradores de justiça, julgue os itens de 178 a 180.

178) **(CESPE - Adaptada)** É correto afirmar que, no máximo, 7 dos promotores de justiça nasceram no mesmo mês.

Gabarito: Errado.

Comentário: Como são 85 promotores e 7 × 12 = 84, o correto seria dizer que no MÍNIMO 7 promotores nasceram no mesmo mês (preste atenção que não foi dito qual o mês – pode ser qualquer mês).

179) **(CESPE - Adaptada)** Considere que se deseje eleger, entre os procuradores e os promotores do MPE/TO, um presidente, um vice-presidente e um ouvidor, para a direção de um clube dos membros do MPE/TO, de modo que nenhuma pessoa possa ser eleita para mais de um cargo. Nessa situação, é correto afirmar que há 288 maneiras diferentes de se escolherem os três membros para a direção do clube e este resultado é uma consequência do Princípio da Soma.

Gabarito: Errado.

Comentário: Como os cargos estão definidos a ordem dos elementos faz diferença no resultado. Assim, usa-se a fórmula de ARRANJO ou de P.F.C.:

$$A_{n,p} = \frac{n!}{(n-p)!}$$

$$A_{97,3} = \frac{97!}{94!}$$

$$A_{97,3} = \frac{97 \times 96 \times 95 \times 94!}{94!}$$

Simplificando 94! do numerador com 94! do denominador, fica:

$A_{97,3} = 97 \times 96 \times 95 = 884.640$ maneiras diferentes.

Veja que o valor é bem maior que 288, e o princípio utilizado foi o da multiplicação (presidente E vice-presidente E ouvidor).

180) **(CESPE - Adaptada)** Há 70 maneiras diferentes de se constituir um comitê que contenha exatamente 4 membros escolhidos de uma lista de 8 procuradores de justiça.

Gabarito: Certo.

Comentário: Como são 4 membros diferentes e a ordem de escolha desses membros não altera o resultado da escolha, será usada a fórmula da COMBINAÇÃO de 8 (total de elementos disponíveis) em 4 (elementos utilizados na comissão):

$$C_{n,p} = \frac{n!}{p! \times (n-p)!}$$

$$C_{8,4} = \frac{8!}{4! \times (8-4)!}$$

$$C_{8,4} = \frac{8!}{4! \times 4!}$$

$$C_{8,4} = \frac{8 \times 7 \times 6 \times 5 \times 4!}{4 \times 3 \times 2 \times 1 \times 4!}$$

Simplificando 4! do numerador com 4! do denominador:

$$C_{8,4} = \frac{8 \times 7 \times 6 \times 5}{4 \times 3 \times 2 \times 1}$$

$$C_{8,4} = \frac{1680}{24}$$

$C_{8,4} = 70$

Portanto, existem exatamente 70 maneiras diferentes para compor esse comitê.

No departamento de eventos de uma empresa trabalham 9 homens e 6 mulheres e, para a organização da festa junina, será formada uma comissão composta por 3 dessas pessoas. Nesse caso:

181) **(CESPE - Adaptada)** Se a comissão tiver apenas uma mulher, então será possível formar 198 comissões diferentes.

Gabarito: Errado.

Comentário: Para formar comissões, de regra, o cálculo é de COMBINAÇÃO. No caso da questão, a comissão de 3 pessoas deverá ter 1 mulher E 2 homens, com isso o cálculo fica:

$$C_{n,p} = \frac{n!}{p! \times (n-p)!}$$

$$C_{6,1} \times C_{9,2} = \frac{6!}{1! \times 5!} \times \frac{9!}{2! \times 7!}$$

$C_{6,1} \times C_{9,2} = 6 \times 36 = 216$ comissões diferentes

182) **(CESPE - Adaptada)** Se não houver qualquer restrição quanto ao sexo dos membros da comissão, então será possível formar 455 comissões diferentes.

Gabarito: Certo.

Comentário: Para formar comissões, de regra, o cálculo usado é o de COMBINAÇÃO. Na questão tem-se um total de 15 pessoas das quais queremos escolher 3, com isso:

$$C_{n,p} = \frac{n!}{p! \times (n-p)!}$$

$$C_{15,3} = \frac{15!}{3! \times (15-3)!}$$

$$C_{15,3} = \frac{15!}{3! \times 12!}$$

$$C_{15,3} = \frac{15 \times 14 \times 13 \times 12!}{3 \times 2 \times 1 \times 12!}$$

Simplificando 12! do numerador com 12! do denominador:

$$C_{15,3} = \frac{15 \times 14 \times 13}{3 \times 2 \times 1}$$

$$C_{15,3} = \frac{2730}{6}$$

$$C_{15,3} = 455$$

Para as questões 183 e 184

Os processos em um tribunal são codificados usando-se 7 caracteres. Nesses códigos, os 3 primeiros caracteres são letras distintas escolhidas entre as 26 do alfabeto e os 4 últimos caracteres são algarismos distintos, escolhidos de 0 a 9. A respeito desses códigos, julgue os itens que se seguem.

183) **(CESPE - Adaptada)** Esse método de codificação permite codificar menos de 70 milhões de processos.

Gabarito: Errado.

Comentário: Ainda que as letras e os números não possam ser repetidos, trata-se de uma operação de P.F.C. (códigos = senhas = P.F.C.) que fica:

Letra E Letra E Letra E Número E Número E Número E Número

$26 \times 25 \times 24 \times 10 \times 9 \times 8 \times 7 = 78.624.000$ códigos

184) **(CESPE - Adaptada)** Mais de 130.000 processos poderão ser codificados tendo AB como os dois primeiros caracteres dos respectivos códigos.

Gabarito: Errado.

Comentário: Ainda que as letras e os números não possam ser repetidos, trata-se de uma operação de P.F.C. (códigos = senhas = P.F.C.) que fica (considerando AB como os dois primeiros caracteres):

Letra (A) E Letra (B) E Letra E Número E Número E Número E Número

$1 \times 1 \times 24 \times 10 \times 9 \times 8 \times 7 = 120.960$ códigos

A numeração das notas de papel-moeda de determinado país é constituída por duas das 26 letras do alfabeto da língua portuguesa, com ou sem repetição, seguidas de um numeral com 9 algarismos arábicos, de 0 a 9, com ou sem repetição. Julgue o próximo item, relativo a esse sistema de numeração.

185) **(CESPE - Adaptada)** Existem mais de 700 formas diferentes de se escolher as duas letras que iniciarão a numeração de uma nota.

Gabarito: Errado.

Comentário: Como as letras podem ser repetidas o cálculo é de P.F.C.:

Letra E Letra

$26 \times 26 = 676$ maneiras

O colegiado do Supremo Tribunal Federal (STF) é composto por 11 ministros, responsáveis por decisões que repercutem em toda a sociedade brasileira. No julgamento de determinados processos, os ministros votam pela absolvição ou pela condenação dos réus de forma independente uns dos outros. A partir dessas informações e considerando que, em determinado julgamento, a probabilidade de qualquer um dos ministros decidir pela condenação ou pela absolvição do réu seja a mesma, julgue o item seguinte.

186) **(CESPE - Adaptada)** Se, no julgamento de determinado réu, 8 ministros votarem pela absolvição e 3 ministros votarem pela condenação, a quantidade de maneiras distintas de se atribuir os votos aos diferentes ministros será inferior a 170.

Gabarito: Certo.

Comentário: Trata-se de uma questão de COMBINAÇÃO, pois um mesmo ministro não pode votar duas vezes, pois a ordem de seu voto não altera o resultado.

$$C_{n,p} = \frac{n!}{p! \times (n-p)!}$$

$$C_{11,8} = C_{11,3}$$

$$C_{11,8} = \frac{11!}{3! \times 8!}$$

$$C_{11,8} = \frac{11 \times 10 \times 9 \times 8!}{3 \times 2 \times 1 \times 8!}$$

Simplificando 8! do numerador com 8! do denominador:

$$C_{11,8} = \frac{11 \times 10 \times 9}{3 \times 2 \times 1}$$

$$C_{11,8} = \frac{990}{6}$$

$C_{11,8} = 165$ maneiras distintas de atribuir os votos dos ministros.

Considerando que, em uma pesquisa de rua, cada entrevistado responda sim ou não a cada uma de dez perguntas feitas pelos entrevistadores, julgue o item seguinte.

187) **(CESPE - Adaptada)** Há menos de cem maneiras de um entrevistado responder sim a três perguntas e não às demais.

Gabarito: Errado.

Comentário: Trata-se de uma questão de COMBINAÇÃO, pois não se pode responder sim e não para a mesma pergunta e a ordem com que a resposa é dada não muda a quantidade das respostas, com isso:

$$C_{n,p} = \frac{n!}{p! \times (n-p)!}$$

$$C_{10,3} = \frac{10!}{3! \times 7!}$$

$$C_{10,3} = \frac{10 \times 9 \times 8 \times 7!}{3 \times 2 \times 1 \times 7!}$$

Simplificando 7! do numerador com 7! do denominador:

$$C_{10,3} = \frac{10 \times 9 \times 8}{3 \times 2 \times 1}$$

$$C_{10,3} = \frac{720}{6}$$

$C_{10,3}$ = 120 maneiras

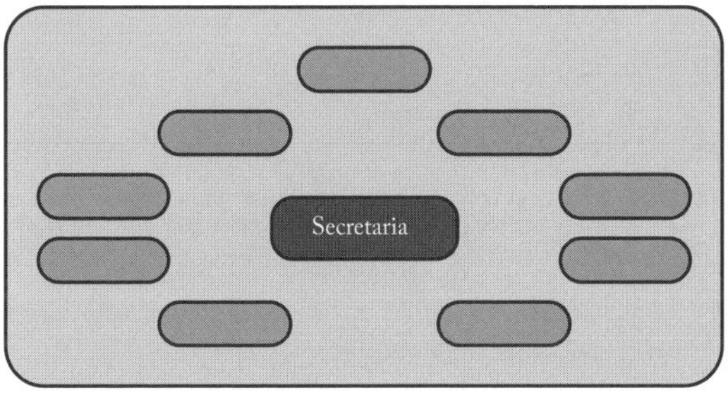

Considere que um tribunal de justiça compõe-se de 6 desembargadores do sexo masculino e 3 do sexo feminino e que a figura acima representa a disposição das mesas dos 9 desembargadores no salão do tribunal. Com base nessas informações e na figura acima, julgue os itens de 188 e 189.

188) **(CESPE - Adaptada)** Se as mesas das 3 desembargadoras ficarem sempre uma ao lado da outra, então, a quantidade de maneiras distintas de todos os desembargadores ocuparem suas mesas no salão do tribunal é igual a 42 × [6!].

Gabarito: Certo.

Comentário: A questão deve ser resolvida por PERMUTAÇÃO, pois estão sendo utilizados todos os elementos e a ordem deles faz diferença no resultado. É preciso considerar que as mesas das 3 desembargadoras devem ficar sempre juntas, o que representa uma mesa só:

P_3 (as três desembargadoras) × P_7 (os 6 desembargadores + 1)

3! × 7!

3x2x1 × 7x6!

6 × 7x6!

42 × 6!

189) **(CESPE - Adaptada)** Caso a mesa em frente da secretaria seja sempre ocupada por uma desembargadora, então, a quantidade de maneiras distintas de todos os desembargadores ocuparem suas mesas é igual a 3 × [8!].

Gabarito: Certo.

Comentário: Usa-se a fórmula da PERMUTAÇÃO para resolver essa questão, pois estão sendo utilizados todos os elementos e a ordem deles faz diferença no resultado. Como a mesa em frente à secretaria é sempre ocupada por uma desembargadora, tem-se:

P_3 (mesa em frente a secretaria) × P_8 (as outras 8 mesas)

$3 \times 8!$

Uma unidade policial, com 12 agentes, vai preparar equipes de educação para o trânsito para, no período carnavalesco, conscientizar motoristas de que atitudes imprudentes como desrespeito à sinalização, excesso de velocidade, ultrapassagens indevidas e a condução de veículo por indivíduo alcoolizado tem um potencial ofensivo tão perigoso quanto o de uma arma de fogo.

Com base nessas informações, julgue os itens seguintes.

190) **(CESPE - Adaptada)** Se cada equipe for formada por 3 agentes, então, a partir dos 12 agentes da unidade, a quantidade de maneiras diferentes de se formar essas equipes será superior a 200.

Gabarito: Certo.

Comentário: Para realizar este cálculo é necessário usar a fórmula de COMBINAÇÃO, pois a equipe tem que ter três pessoas diferentes e a ordem das pessoas na equipe não altera o resultado, assim sendo:

$$C_{n,p} = \frac{n!}{p! \times (n-p)!}$$

$$C_{12,3} = \frac{12!}{3! \times 9!}$$

$$C_{12,3} = \frac{12 \times 11 \times 10 \times 9!}{3 \times 2 \times 1 \times 9!}$$ (simplificando 9! do numerador com o do denominador)

$$C_{12,3} = \frac{1320}{6}$$

$C_{12,3} = 220$ equipes

191) **(CESPE - Adaptada)** Existem $12!/(3!)^4$ maneiras de se montar quatro equipes, cada uma delas com 3 agentes.

Gabarito: Certo.

Comentário: Esta é uma questão de COMBINAÇÃO, pois a equipe tem que ter três pessoas diferentes e a ordem das pessoas na equipe não altera o resultado, dessa forma:

$$C_{n,p} = \frac{n!}{p! \times (n-p)!}$$

$C_{12,3} \times C_{9,3} \times C_{6,3} \times C_{3,3}$ (à medida que as equipes vão sendo formadas o número de pessoas disponíveis para compor as outras equipes vão diminuindo)

$$\frac{12!}{3! \times 9!} \times \frac{9!}{3! \times 6!} \times \frac{6!}{3! \times 3!} \times \frac{3!}{3! \times 0!}$$ (simplificando tudo)

$$\frac{12!}{(3!)^4}$$

A Mesa Diretora da Câmara dos Deputados, responsável pela direção dos trabalhos legislativos e pelos serviços administrativos da Casa, compõe-se de Presidência – presidente, 1º e 2º vice-presidentes – e de Secretaria – 1º, 2º, 3º e 4º secretários e 1º, 2º, 3º e 4º suplentes –, devendo cada um desses cargos ser ocupado por um deputado diferente, ou seja, um mesmo deputado não pode ocupar mais de um desses cargos. Supondo que, por ocasião da composição da Mesa Diretora, qualquer um dos 513 deputados possa assumir qualquer um dos cargos na Mesa, julgue os itens a seguir.

192) **(CESPE - Adaptada)** O número correspondente à quantidade de maneiras diferentes de se compor a Mesa Diretora da Câmara dos Deputados pode ser expresso por 513!/502!.

Gabarito: Certo.

Comentário: Esta é uma questão de ARRANJO, já que um deputado não pode ocupar mais de um dos cargos e ser "presidente" é diferente de ser "secretário". Como a mesa diretora tem 11 cargos, o cálculo fica:

$$A_{513,\,11} = \frac{n!}{(n-p)!}$$

$$A_{513,\,11} = \frac{513!}{(513-11)!}$$

$$A_{513,\,11} = \frac{513!}{502!} \text{ maneiras}$$

193) **(CESPE - Adaptada)** Existem menos de 125.000.000 de maneiras diferentes de se escolher a Presidência da Mesa Diretora da Câmara dos Deputados.

Gabarito: Errado.

Comentário: Resolver a questão por P.F.C. é mais prático e rápido, uma vez que já se sabe que a ordem dos elementos faz diferença no resultado, tem-se:

Presidente E 1º vice E 2º vice

$513 \times 512 \times 511 = 134.217.216$ maneiras

Nas eleições municipais de uma pequena cidade, 30 candidatos disputam 9 vagas para a câmara de vereadores. Na sessão de posse, os nove eleitos escolhem a mesa diretora, que será composta por presidente, primeiro e segundo secretários, sendo proibido a um mesmo parlamentar ocupar mais de um desses cargos. Acerca dessa situação hipotética, julgue os itens seguintes.

194) **(CESPE - Adaptada)** A quantidade de maneiras distintas de se formar a mesa diretora da câmara municipal é superior a 500.

Gabarito: Certo.

Comentário: Trata-se de uma questão de ARRANJO, já que um parlamentar não pode ocupar mais de um dos cargos e ser "presidente" é diferente de ser "secretário". Calculando, a partir de 9 vereadores eleitos, tem-se:

$$A_{n,\,p} = \frac{n!}{(n-p)!}$$

$$A_{9,\,3} = \frac{9!}{(9-3)!}$$

$$A_{9,\,3} = \frac{9!}{6!}$$

$$A_{9,\,3} = \frac{9 \times 8 \times 7 \times 6!}{6!} \text{ (simplificando 6!)}$$

$A_{9,\,3} = 504$ maneiras

195) **(CESPE - Adaptada)** A quantidade de maneiras distintas para se formar a câmara de vereadores dessa cidade é igual a 30!/(9! × 21!).

Gabarito: Certo.

Comentário: Esta é uma questão de COMBINAÇÃO, pois os nove vereadores são diferentes e a ordem dos mesmos não faz com eles deixem de ser os vereadores (o 1º vereador é tão vereador quanto o último), com isso:

$$C_{n,p} = \frac{n!}{p! \times (n-p)!}$$

$$C_{30,9} = \frac{30!}{9! \times (30-9)!}$$

$$C_{30,9} = \frac{30!}{21! \times 9!}$$

Para a codificação de processos, o protocolo utiliza um sistema com cinco símbolos, sendo duas letras de um alfabeto com 26 letras e três algarismos, escolhidos entre os de 0 a 9. Supondo que as letras ocupem sempre as duas primeiras posições, julgue o item que se segue.

196) **(CESPE - Adaptada)** O número de processos que podem ser codificados por esse sistema utilizando-se letras iguais nas duas primeiras posições do código é superior a 28.000.

Gabarito: Errado.

Comentário: Para resolver essa questão, deve-se usar o método de P.F.C., pois os dígitos do código podem ser repetidos (cuidado apenas com as letras):

Letra E Letra (igual a anterior) E Algarismo E Algarismo E Algarismo

26 × 1 × 10 × 10 × 10 = 26.000 códigos

Considerando-se que, em um aparelho de telefonia móvel do tipo smartphone, o acesso a diversas funcionalidades seja autorizado por senhas compostas de 4 dígitos escolhidos entre os algarismos de 0 a 9, é correto afirmar que

197) **(CESPE - Adaptada)** há mais de 12.000 possibilidades de senhas distintas para acessar as funcionalidades desse smartphone.

Gabarito: Errado.

Comentário: Para resolver esta questão usa-se o método do P.F.C. pois os dígitos da senha podem ser repetidos, calcula-se:

Algarismo E Algarismo E Algarismo E Algarismo

10 × 10 × 10 × 10 = 10.000 senhas

198) **(CESPE - Adaptada)** a quantidade de possibilidades de senhas de acesso distintas cujos algarismos são todos distintos é inferior a 5.000.

Gabarito: Errado.

Comentário: Resolvendo por P.F.C. – pois mesmo os dígitos da senha não podendo ser repetidos, a ordem dos dígitos faz diferença no resultado (exemplo: senha 1234 é diferente da senha 4321) –, calcula-se:

Algarismo E Algarismo E Algarismo E Algarismo (todos distintos)

10 × 9 × 8 × 7 = 5.040 senhas

Com relação a lógica sentencial, contagem e combinação, julgue o item a seguir.

199) **(CESPE - Adaptada)** Com 3 marcas diferentes de cadernos, a quantidade de maneiras distintas de se formar um pacote contendo 5 cadernos será inferior a 25.

Gabarito: Certo.

Comentário: Esta é uma questão de COMBINAÇÃO COM REPETIÇÃO, já que o número de cadernos disponíveis é menor que o número de cadernos utilizados (n<p) e a ordem de escolha dos cadernos – definidas suas quantidades – não altera o resultado.

Calculando:

$$Cr_{(n,\,p)} = \frac{n+p-1!}{p! \times (n-1)!}$$

$$Cr_{(3,\,5)} = \frac{3+5-1!}{5! \times (3-1)!}$$

$$Cr_{(3,\,5)} = \frac{7!}{5! \times 2!}$$

$$Cr_{(3,\,5)} = \frac{7 \times 6 \times 5!}{5! \times 2 \times 1} \text{ (simplificando 5!)}$$

$$Cr_{(3,\,5)} = \frac{42}{2}$$

$Cr_{(3,\,5)} = 21$ pacotes

Anotações

Probabilidade

Um auditor do trabalho deve analisar 20 processos: 5 a respeito de segurança no trabalho, 7 a respeito de FGTS e 8 a respeito de jornada de trabalho. Considerando que esses processos sejam colocados sobre a mesa de trabalho do auditor, de maneira aleatória, formando uma pilha, julgue o item que se segue.

200) **(CESPE – Adaptada)** Considere que uma pilha com os 20 processos seja formada de maneira aleatória. Nesse caso, a probabilidade de o processo que está na parte superior tratar de assunto relativo a FGTS será superior a 0,3.

Gabarito: Certo.

Comentário: A quantidade de processos de FGTS é 7. A probabilidade desse tipo de processo estar na parte superior da pilha é:

$$P = \frac{\text{evento (o que quero)}}{\text{espaço amostral (tudo que é possível)}}$$

$$P = \frac{7}{20}$$

$$P = 0{,}35$$

Para o bom desempenho das funções dos agentes, os departamentos de polícia frequentemente realizam compras de equipamentos. Para certa compra licitada, um fabricante ofereceu 6 modelos de radiotransmissores. Com base nessa situação, julgue o item que se segue.

201) **(CESPE – Adaptada)** Suponha que, para cada lote de 3 radiotransmissores de determinado modelo, a probabilidade de 1 deles apresentar defeito é 0,25, de 2 deles apresentarem defeito é 0,025, e de 3 apresentarem defeito é 0,0005. Nessa situação, considerando-se que, se pelo menos 1 dos radiotransmissores de um lote apresentar defeito, todo o lote será rejeitado, é correto afirmar que a probabilidade de se rejeitar um lote é inferior a 25%.

Gabarito: Errado.

Comentário: A questão diz que o lote tem 3 radiotransmissores, que a probabilidade de 1 deles apresentar defeito é igual a 0,25, e que se, pelo menos, um deles apresentar defeito todo o lote será rejeitado. Portanto, a probabilidade do lote ser rejeitado é exatamente igual a 0,25 ou 25%, nem maior, nem menor.

Para as questões 202 a 206

Considere que a tabela abaixo mostra o número de vítimas fatais em acidentes de trânsito ocorridos em quatro estados brasileiros, de janeiro a junho de 2003.

Estado em que ocorreu o acidente	Total de vítimas fatais	
	Sexo masculino	Sexo feminino
Maranhão	225	81
Paraíba	153	42
Paraná	532	142
Santa Catarina	188	42

A fim de fazer um estudo de causas, a PRF elaborou 1.405 relatórios, um para cada uma das vítimas fatais mencionadas na tabela acima, contendo o perfil da vítima e as condições em que ocorreu o acidente. Com base nessas informações, julgue os itens que se seguem, acerca de um relatório escolhido aleatoriamente entre os citados acima.

202) **(CESPE – Adaptada)** A probabilidade de que esse relatório corresponda a uma vítima de um acidente ocorrido no estado do Maranhão é superior a 0,2.

Gabarito: Certo.

Comentário: Basta determinar o espaço amostral e o evento.

O espaço amostral já foi dito no enunciado, é 1.405 (total de vítimas fatais).

O evento são as vítimas do Maranhão, um total de 306 (225 + 81 = 306).

Calculando a probabilidade: $P = \frac{\text{evento}}{\text{espaço amostral}}$

$$\frac{306}{1405} = 0{,}2177 = 0{,}22$$

Veja que 0,22 é superior a 0,2.

203) **(CESPE – Adaptada)** A chance de que esse relatório corresponda a uma vítima do sexo feminino é superior a 23%.

Gabarito: Errado.

Comentário: Para resolver esta questão é preciso determinar o espaço amostral e o evento.

O espaço amostral é 1.405 (total de vítimas fatais).

O evento são as vítimas do sexo feminino, 307.

$$P = \frac{\text{evento}}{\text{espaço amostral}}$$

$$\frac{307}{1405} = 0{,}2185 = 21{,}85\%$$

Ou seja, inferior a 23%.

204) **(CESPE – Adaptada)** Considerando que o relatório escolhido corresponda a uma vítima do sexo masculino, a probabilidade de que o acidente nele mencionado tenha ocorrido no estado do Paraná é superior a 0,5.

Gabarito: Errado.

Comentário: O espaço amostral foi reduzido, pois sabe-se que se trata de uma vítima do sexo masculino, então o espaço amostral será de apenas 1.098 (total de vítimas fatais do sexo masculino).

O evento são as vítimas do sexo masculino no Paraná, num total de 532.

Calculando a probabilidade: $P = \frac{\text{evento}}{\text{espaço amostral}}$

$$\frac{532}{1098} = 0{,}4845 = 0{,}48$$

A questão fala em superior a 0,5, mas 0,48 é inferior a 0,5.

205) **(CESPE – Adaptada)** Considerando que o relatório escolhido corresponda a uma vítima de um acidente que não ocorreu no Paraná, a probabilidade de que ela seja do sexo masculino e de que o acidente tenha ocorrido no estado do Maranhão é superior a 0,27.

Gabarito: Certo.

Comentário: Mais uma vez o espaço amostral foi reduzido. Como a vítima não foi do Paraná, o espaço amostral será de 731 (total de vítimas fatais que não são do Paraná → 1405 – 674 = 731).

O evento são as vítimas do sexo masculino no Maranhão, totalizando 225.

$$P = \frac{\text{evento}}{\text{espaço amostral}}$$

$$\frac{225}{731} = 0{,}3078 = 0{,}31$$

Nota-se que 0,31 é superior a 0,27.

206) **(CESPE – Adaptada)** A chance de que o relatório escolhido corresponda a uma vítima do sexo feminino ou a um acidente ocorrido em um dos estados da região Sul do Brasil listados na tabela é inferior a 70%.

Gabarito: Errado.

Comentário: Este é um caso especial de probabilidade, em que a probabilidade da união de dois eventos (usada quando na pergunta da questão houver o conectivo OU), será calculada por:

$P(A \cup B) = P(A) + P(B) - P(A \cap B)$

Em que:

$P(A \cup B) = P(A \text{ ou } B)$

$P(A \cap B) = P(A \text{ e } B)$

O espaço amostral é 1.405 (total de vítimas), o evento A (sexo feminino) é 307, o evento B (região sul) é 904 e o evento AB (A e B) é 184 (sexo feminino da Região Sul).

Calculando:

$$P = \frac{\text{evento}}{\text{espaço amostral}}$$

$$P(A) = \frac{307}{1405}$$

$$P(B) = \frac{904}{1405}$$

$$P(A \cap B) = \frac{184}{1405}$$

$$P(A \cup B) = P(A) + P(B) - P(A \cap B)$$

$$P(A \cup B) = \frac{307}{1405} + \frac{904}{1405} - \frac{184}{1405}$$

$$P(A \cup B) = \frac{1027}{1405}$$

$P(A \cup B) = 0{,}7309 = 73{,}1\%$

Veja que 73,1% é superior a 70%.

Dez policiais federais – dois delegados, dois peritos, dois escrivães e quatro agentes – foram designados para cumprir mandado de busca e apreensão em duas localidades próximas à superintendência regional. O grupo será dividido em duas equipes. Para tanto, exige-se que cada uma seja composta, necessariamente, por um delegado, um perito, um escrivão e dois agentes. Considerando essa situação hipotética, julgue o item que se segue.

207) **(CESPE – Adaptada)** Se cinco dos citados policiais forem escolhidos, aleatoriamente e independentemente dos cargos, então a probabilidade de que esses escolhidos constituam uma equipe com a exigência inicial será superior a 20%.

Gabarito: Errado.

Comentário: Para resolver uma questão de probabilidade precisa-se primeiro determinar o espaço amostral (tudo que se tem) e o evento (aquilo que se quer).

O espaço amostral da questão será dado pelo cálculo de COMBINAÇÃO (elementos não podem ser repetidos e a ordem das escolhas não faz diferença no resultado final).

Calculando:

$$C_{10,5} = \frac{10!}{5! \times 5!}$$

$$C_{10,5} = \frac{10 \times 9 \times 8 \times 7 \times 6 \times 5!}{5 \times 4 \times 3 \times 2 \times 1 \times 5!}$$

Simplificando o numerador com o denominador, tem-se:

$$C_{10,5} = \frac{2 \times 9 \times 2 \times 7 \times 2}{2}$$

$$C_{10,5} = \frac{504}{2}$$

$C_{10,5} = 252.$

O evento é outra COMBINAÇÃO de:

1 delegado **E** 1 perito **E** 1 escrivão **E** 2 agentes:

$C_{2,1} \times C_{2,1} \times C_{2,1} \times C_{4,2} = 48$

Calculando a probabilidade:

$$\frac{48}{252} = 0{,}1905 = 19{,}05\%$$

A questão traz uma probabilidade superior a 20%, porém 19,05% é inferior.

Os princípios de contagem, na matemática, incluem:

I – Princípio da Soma: se um evento E_1 pode ocorrer de N_1 maneiras distintas, E_2, de N_2 maneiras distintas, ..., E_k, de N_k maneiras distintas, e se quaisquer dois eventos não podem ocorrer simultaneamente, então um dos eventos pode ocorrer em $N_1 + N_2 + ... + N_k$ maneiras distintas.

II – Princípio da Multiplicação: considere que E_1, E_2, ..., E_k são eventos que ocorrem sucessivamente; se o evento E_1 pode ocorrer de N_1 maneiras distintas, o evento E_2 pode ocorrer de N_2 maneira distintas, ..., o evento E_k pode ocorrer de N_k maneiras distintas, então todos esses eventos podem ocorrer, na ordem indicada, em $N_1 \times N_2 \times ... \times N_k$ maneiras distintas.

Considerando o texto acima e a informação do portal www.mp.to.gov.br, de que, no Ministério Público do Estado do Tocantins (MPE/TO), há 85 promotores de justiça e 12 procuradores de justiça, julgue o item a seguir.

208) **(CESPE – Adaptada)** Se 4 dos procuradores de justiça são mulheres, então a probabilidade de se escolher, ao acaso, somente entre os procuradores, um procurador de justiça que seja mulher é inferior a ½.

Gabarito: Certo.

Comentário: A quantidade de procuradoras é 4. A probabilidade de ser escolhida uma procuradora dentre todos os procuradores é:

$$P = \frac{\text{evento}}{\text{espaço amostral}}$$

$P = \frac{4}{12}$ (simplificando tudo por 4)

$P = \frac{1}{3}$

Sabendo que ½ é 0,5 e ⅓ é 0,33..., tem-se que ⅓ é menor que ½.

Para as questões 209 e 210

A prova objetiva de um concurso público é formada de itens para julgamento. O candidato deverá julgar cada um deles e marcar na folha de respostas, para cada item, o campo indicado com a letra C se julgar que o item é CERTO, ou o campo indicado com a letra E, se julgar que o item é ERRADO. Nenhum item poderá ficar sem marcação nem poderá haver dupla marcação, C e E. Em cada item, o candidato receberá pontuação positiva se acertar a resposta, isto é, se sua marcação, C ou E, coincidir com o gabarito divulgado pela organização do concurso. Nos cinco itens que avaliavam conhecimentos de matemática, um candidato fez suas marcações de forma aleatória. Nesse caso, a probabilidade de esse candidato:

209) **(CESPE – Adaptada)** acertar exatamente três desses cinco itens é inferior à probabilidade de acertar exatamente dois deles.

Gabarito: Errado.

Comentário: Esta é uma questão de PROBABILIDADE BINOMIAL, pois há um mesmo evento se repetindo várias vezes e a ordem dos acontecimentos não alteram o resultado (das 3 certas, se elas forem as 3 primeiras, ou as três ultimas, ou intercaladas isso não vai deixar de ser/ter as três questões certas). Calculando:

$P = C_{n,s} \times (P_s)^S \times (P_f)^F$

(C = combinação; n = número de repetições do evento; s = quantidade de sucessos; f = quantidade de fracassos. O sucesso e o fracasso dependem do que está sendo pedido na questão, nesse caso, ACERTOS E ERROS, que dá ½ para cada)

Para 3 acertos:

$P = C_{5,3} \times (½)^3 \times (½)^2$

$P = \frac{5!}{3! \times 2!} \times (½)^5$

$P = 10 \times 1/32$

$P = 10/32 = 0,3125$

Para 2 acertos:

$P = C_{5,2} \times (½)^2 \times (½)^3$

$P = \frac{5!}{2! \times 3!} \times (½)^5$

$P = 10 \times 1/32$

$P = 10/32 = 0,3125$

Ou seja, a mesma coisa.

210) **(CESPE – Adaptada)** acertar exatamente três desses itens de matemática é inferior a ⅓.

Gabarito: Certo.

Comentário: Temos aqui outro uso de PROBABILIDADE BINOMIAL, pois um mesmo evento se repetindo várias vezes e a ordem dos acontecimentos não alteram o resultado

$P = C_{n,s} \times (P_s)^S \times (P_f)^F$

(C = combinação; n = número de repetições do evento; s = quantidade de sucessos; f = quantidade de fracassos). O sucesso e o fracasso dependem do que foi pedido na questão, nesse caso, ACERTOS E ERROS, que dá ½ para cada.

$P = C_{5,3} \times (1/2)^3 \times (1/2)^2$

$P = \dfrac{5!}{3! \times 2!} \times (1/2)^5$

$P = 10 \times 1/32$

$P = 10/32 = 0{,}3125$, que é inferior a ⅓ (⅓ = 0,333...)

Para as questões 211 a 213

Uma pesquisa de opinião, para verificar a viabilidade das candidaturas de um candidato a prefeito e de um candidato a vereador de determinado município, entrevistou 2.000 pessoas: 980 responderam que votariam apenas no candidato a prefeito; 680 responderam que votariam apenas no candidato a vereador ou que não votariam em nenhum dos dois candidatos. Com base no enunciado responda o item a seguir.

211) **(CESPE – Adaptada)** A probabilidade de um entrevistado, escolhido ao acaso, ter respondido que votaria nos dois candidatos é igual a 0,17.

Gabarito: Certo.

Comentário: O espaço amostral é o total de entrevistados, ou seja, 2000 pessoas. Agora representando o que foi exposto no enunciado e calculando o evento, tem-se:

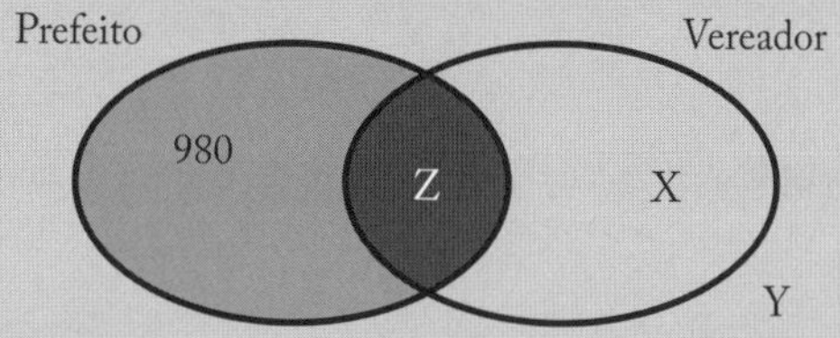

$X + Y = 680$

$X + Y + Z + 980 = 2000$

Resolvendo "X + Y + Z + 980 = 2000", temos "Z = 340", veja:

$$\begin{cases} X + Y + Z = 2000 \text{ (I)} \\ X + Y = 680 \text{ (II)} \end{cases}$$

Substituindo II em I:

$680 + Z + 980 = 2000$

$Z + 1660 = 2000$

$Z = 2000 - 1660$

$Z = 340$

Como "Z" é o evento da questão: $P = \dfrac{\text{evento}}{\text{espaço amostral}}$

$P = \dfrac{340}{2000} = 0{,}17$

212) **(CESPE – Adaptada)** Se a probabilidade de um entrevistado, escolhido ao acaso, ter respondido que votaria no candidato a vereador for igual a 0,40, então 220 dos entrevistados responderam que não votariam em nenhum dos dois candidatos.

Gabarito: Certo.

Comentário: Representando o enunciado:

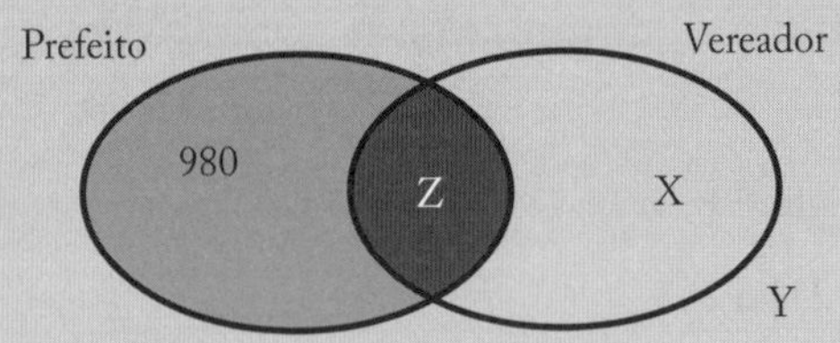

$X + Y = 680$
$X + Y + Z + 980 = 2000$

A questão trouxe a probabilidade de "X + Z" e a soma "X + Y = 680".

É importante lembrar que a probabilidade é calculada pela fórmula acima, em que "espaço amostral" são todos os eleitores, e "evento" são os eleitores que votariam no candidato a vereador.

$0{,}4 = \frac{X + Z}{2000}$

$X + Z = 800$

Sendo "Z = 340" logo "X = 460", veja:

$\begin{cases} X + Y + Z = 2000 \text{ (I)} \\ X + Y = 680 \text{ (II)} \end{cases}$

$680 + Z + 980 = 2000$

$Z + 1660 = 2000$

$Z = 2000 - 1660$

$Z = 340$

Assim:

$X + 340 = 800$

$X = 800 - 340$

$X = 460$

Com isso:

$X + Y = 680$

$460 + Y = 680$

$Y = 680 - 460$

$Y = 220$

Nota-se que "Y" representa o número dos entrevistados que responderam que não votaria em nenhum dos dois candidatos.

213) **(CESPE – Adaptada)** A probabilidade de um entrevistado, escolhido ao acaso, ter respondido que votaria no candidato a prefeito é superior a 0,68.

Gabarito: Errado.

Comentário: O espaço amostral continua sendo o total de entrevistados, 2000 pessoas.

Representando o que foi dito no enunciado e calculando o evento, tem-se:

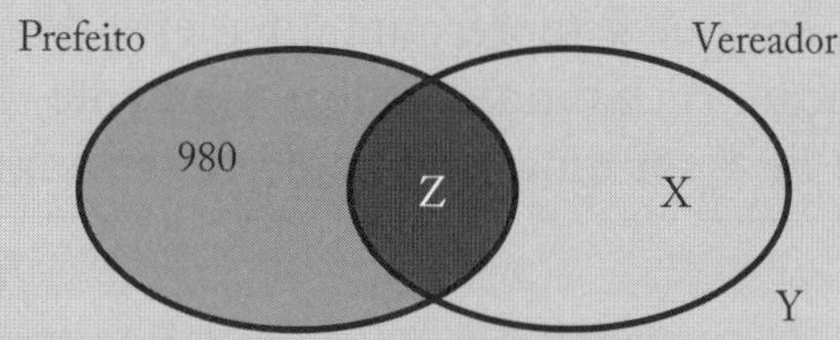

$X + Y = 680$

$X + Y + Z + 980 = 2000$

Resolvendo "X + Y + Z + 980 = 2000", temos "Z = 340", veja:

$$\begin{cases} X + Y + Z = 2000 \text{ (I)} \\ X + Y = 680 \text{ (II)} \end{cases}$$

Substituindo II em I:

$680 + Z + 980 = 2000$

$Z + 1660 = 2000$

$Z = 2000 - 1660$

$Z = 340$

Como "Z + 980" é o que se precisa (o evento) para calcular a probabilidade da questão, então:

$$P = \frac{1320}{2000} = 0,66$$

Veja que 0,66 é menor que 0,68.

214) **(CESPE – Adaptada)** Em um lote de 20 processos, há 3 processos cujos pareceres estão errados. Aleatoriamente, um após o outro, 3 processos foram retirados desse lote. Nesse caso, a probabilidade de que os 3 processos retirados não estejam com os pareceres errados é superior a 0,6

Gabarito: Errado.

Comentário: A quantidade de processos com parecer errado são 3. Ao retirar 3 processos desse lote, a probabilidade desses 3 processos NÃO estarem com os pareceres errados é:

$$P = \frac{\text{evento}}{\text{espaço amostral}}$$

$$P = \frac{17}{20} \times \frac{16}{19} \times \frac{15}{18}$$

Levando em conta que a cada processo que sai do lote diminui-se evento e o espaço amostral, além do uso do P.F.C., já que são três probabilidades: 1º processo E 2º processo E 3º processo.

$$P = \frac{4080}{6840}$$

$P = 0,596$

A numeração das notas de papel-moeda de determinado país é constituída por duas das 26 letras do alfabeto da língua portuguesa, com ou sem repetição, seguidas de um numeral com 9 algarismos arábicos, de 0 a 9, com ou sem repetição. Julgue o próximo item, relativo a esse sistema de numeração.

215) **(CESPE – Adaptada)** Considere o conjunto das notas numeradas da forma #A12345678&, em que # representa uma letra do alfabeto e &, um algarismo. Nessa situação, retirando-se, aleatoriamente, uma nota desse conjunto, a probabilidade de # ser uma vogal e de & ser um algarismo menor que 4 é inferior a 1/10.

Gabarito: Certo.

Comentário: Para # ser uma vogal, a probabilidade será:

$$P = \frac{\text{evento}}{\text{espaço amostral}}$$

$$P = \frac{5}{26}$$

Já para & ser um algarismo menor que 4, tem-se:

$$P = \frac{4}{10}$$

$$P = \frac{20}{260}$$

Juntando as duas probabilidade, a fim de descobrir "a probabilidade de # ser uma vogal e & um algarismo menor que 4", fica:

$$P = \frac{5}{26} \times \frac{4}{10}$$

$$P = \frac{1}{13} \text{ (simplificando por 20)}$$

P = = 0,077, ou seja menor que 1/10 que é 0,1.

Uma entrevista foi realizada com 46 empregados de uma empresa, entre os quais 24 eram do sexo masculino e 22, do feminino. Com base nessas informações, julgue o item seguinte.

216) **(CESPE – Adaptada)** Se exatamente 5 entre os empregados do sexo masculino tiverem idade inferior a 20 anos e se 2 empregados forem escolhidos ao acaso entre os 46 empregados dessa empresa, então a probabilidade de esses dois empregados escolhidos serem do sexo masculino e terem idade inferior a 20 anos será maior do que 1/100.

Gabarito: Errado.

Comentário: Calculando a probabilidade de o 1º **E** de o 2º empregados serem do sexo masculino e com menos de 20 anos, tem-se:

$$P = \frac{\text{evento}}{\text{espaço amostral}}$$

$$P = \frac{5}{46} \times \frac{4}{45}$$

1º **E** 2º empregados – lembrando que ao escolher o primeiro, tanto o espaço amostral como o evento serão diminuídos de uma unidade.

$$P = \frac{20}{2070} \text{ (simplificando tudo por 10)}$$

$$P = \frac{2}{207} = 0{,}0097\text{, logo menor que } 1/100 \text{ que é } 0{,}01$$

Uma pesquisa, realizada com 900 pessoas que contraíram empréstimos bancários e tornaram-se inadimplentes, mostrou a seguinte divisão dessas pessoas, de acordo com a faixa etária.

Idade (em anos)			
até 30	de 31 a 40	de 41 a 50	mais de 50
140	250	356	154

A partir da tabela acima e considerando a escolha, ao acaso, de uma pessoa entre as 900 que participaram da referida pesquisa, julgue os itens subsequentes.

217) **(CESPE - Adaptada)** A probabilidade de a pessoa escolhida ter de 31 a 40 anos de idade é inferior a 0,3.

Gabarito: Certo.

Comentário: Como são 250 pessoas com idade entre 31 e 40 anos, a probabilidade de uma delas ser a escolhida é:

$$P = \frac{\text{evento}}{\text{espaço amostral}}$$

$$P = \frac{250}{900}$$

P = 0,2777...

218) **(CESPE - Adaptada)** A probabilidade de essa pessoa não ter menos de 41 anos de idade é inferior a 0,52.

Gabarito: Errado.

Comentário: A quantidade de pessoas com mais de 41 anos (não ter menos de 41 anos) é 510 (356 + 154). A probabilidade de uma dessas pessoas ser a escolhida é:

$$P = \frac{\text{evento}}{\text{espaço amostral}}$$

$$P = \frac{510}{900}$$

P = 0,5666...

219) **(CESPE - Adaptada)** A probabilidade de essa pessoa ter de 41 a 50 anos de idade, sabendo-se que ela tem pelo menos 31 anos, é superior a 0,5.

Gabarito: Errado.

Comentário: Questão de probabilidade condicional. "Sabendo que a pessoa tem pelo menos 31 anos" faz com que o espaço amostral seja reduzido para 760 (900 - 140), o evento é 256, com isso a probabilidade é:

$$P = \frac{\text{evento}}{\text{espaço amostral}}$$

$$P = \frac{356}{700}$$

P = 0,47

220) **(CESPE – Adaptada)** A chance de a pessoa escolhida ter até 30 anos de idade ou mais de 50 anos de idade é superior a 30%.

Gabarito: Certo.

Comentário: Para a pessoa escolhida ter ate 30 anos a probabilidade é:

$$P = \frac{\text{evento}}{\text{espaço amostral}}$$

$$P = \frac{140}{900}$$

Já para a pessoa ter mais de 50 anos a probabilidade é:

$$P = \frac{154}{900}$$

Somando as duas probabilidades (menos de 30 OU de 50) tem-se:

$$P = \frac{140}{900} + \frac{154}{900}$$

$$P = \frac{294}{900}$$

P = 0,32666... = 32,66% (0,32666 × 100)

O colegiado do Supremo Tribunal Federal (STF) é composto por 11 ministros, responsáveis por decisões que repercutem em toda a sociedade brasileira. No julgamento de determinados processos, os ministros votam pela absolvição ou pela condenação dos réus de forma independente uns dos outros. A partir dessas informações e considerando que, em determinado julgamento, a probabilidade de qualquer um dos ministros decidir pela condenação ou pela absolvição do réu seja a mesma, julgue os itens seguintes.

221) **(CESPE – Adaptada)** A probabilidade de todos os 11 ministros votarem pela absolvição do réu é superior à probabilidade de que os votos dos 6 primeiros ministros a votar sejam pela condenação do réu e os votos dos 5 demais ministros sejam pela absolvição do réu.

Gabarito: Errado.

Comentário: As probabilidades são iguais, pois a ordem dos votos já está determinada e com isso para os 11 votarem pela absolvição, a probabilidade seria:

$$P = (½)^{11}$$

$$P = \frac{1}{2048}$$

Já para os 6 primeiros votarem pela condenação e os outros 5 pela absolvição a probabilidade seria (visto que a ordem já foi determinada):

$$P = (½)^{6} \times (½)^{5}$$

$$P = \frac{1}{64} + \frac{1}{32}$$

$$P = \frac{1}{2048}$$

222) **(CESPE – Adaptada)** Se os votos dos 5 primeiros ministros a votar forem pela condenação do réu, a probabilidade de o voto do sexto ministro a votar também ser pela condenação do réu será inferior a 0,02.

Gabarito: Errado.

Comentário: Como os votos dos ministros são independentes, não importa o voto dos outros, todos terão 50% de chance de votar pela condenação e 50% pela absolvição.

Considerando que, em uma pesquisa de rua, cada entrevistado responda sim ou não a cada uma de dez perguntas feitas pelos entrevistadores, julgue os itens seguintes.

223) **(CESPE – Adaptada)** Se um entrevistado responder à pesquisa aleatoriamente, a probabilidade de ele responder sim a pelo menos uma pergunta será superior a 99%.

Gabarito: Certo.

Comentário: A chance do entrevistado responder NÃO a todas as perguntas é:

$P = (½)^{10}$

$$P = \frac{1}{1024}$$

Calculando a probabilidade complementar disso fica:

$P_A + P_{\bar{A}} = 1$

$$\frac{1}{1024} + P_{\bar{A}} = 1$$

$$P_{\bar{A}} = 1 - \frac{1}{1024}$$

$$P_{\bar{A}} = \frac{1023}{1024} = 0{,}9990 = 99{,}90\% \ (0{,}9990 \times 100)$$

Obs.: Considerando a possibilidade de todas as respostas serem NÃO, nas que restarem haverá pelo menos uma SIM.

No próximo item, é apresentada uma situação hipotética a respeito deprobabilidade e contagem, seguida de uma assertiva a ser julgada.

224) **(CESPE – Adaptada)** Em uma urna há 100 bolas numeradas de 1 a 100. Nesse caso, a probabilidade de se retirar uma bola cuja numeração seja um múltiplo de 10 ou de 25 será inferior a 0,13.

Gabarito: Certo.

Comentário: Questão de probabilidade da união de dois eventos (usada quando na pergunta da questão houver o conectivo OU), que será calculada por:

$P(A \cup B) = P(A) + P(B) - P(A \cap B)$

Em que:

$P(A \cup B) = P(A \text{ ou } B)$

$P(A \cap B) = P(A \text{ e } B)$

O espaço amostral é 100, o evento A (múltiplos de 10) é 10, o evento B (múltiplos de 25) é 4 e o evento AB (A e B) é 2 (múltiplos de 10 e 25 ao mesmo tempo).

Calculando:

$$P = \frac{\text{evento}}{\text{espaço amostral}}$$

$$P(A \cup B) = \frac{10}{100} + \frac{4}{100} + \frac{2}{100}$$

$$P(A \cup B) = \frac{12}{100}$$

$P(A \cup B) = 0{,}12$

Psicotécnicos

O raciocínio lógico leva a uma resposta que pode ser verdadeira ou falsa. Na construção de algoritmos para a solução de problemas computacionais, trabalha-se com esse tipo de raciocínio. A respeito desse assunto, julgue o item a seguir.

225) **(CESPE – Adaptada)** O próximo número da sequência 12, 13, 15, 18, 22, 27, 33 é o número 49.

Gabarito: Errado.

Comentário: Observando a sequências percebe-se que a mesma obedece ao seguinte padrão:
12 (+1) = 13
13 (+2) = 15
15 (+3) = 18
18 (+4) = 22
22 (+5) = 27
27 (+6) = 33
Portanto o próximo número será:
33 (+7) = 40.

226) **(CESPE – Adaptada)** O quadro abaixo pode ser completamente preenchido com algarismos de 1 a 6, de modo que cada linha e cada coluna tenham sempre algarismos diferentes.

1				3	2
		5	6		1
	1	6		5	
5	4			2	
	3	2	4		
4			2		3

Gabarito: Certo.

Comentário: Preenchendo o quadro, de acordo com o que foi dito, fica:

1	6	4	5	**3**	**2**
3	2	**5**	**6**	4	**1**
2	**1**	**6**	3	**5**	4
5	**4**	3	1	**2**	6
6	**3**	**2**	**4**	1	5
4	5	1	**2**	6	**3**

Veja que é possível o preenchimento do quadro, conforme o que foi pedido na questão.

Para as questões 227 a 229

O quadro de pessoal de uma empresa conta com 7 analistas: 2 da área de contabilidade e arquivologia. Em 4 dias consecutivos, 7 desses analistas estiveram presentes aos trabalhos:

— *no dia 1: Bárbara, Diogo, Marta e Sandra;*

— *no dia 2: Diogo, Fernando, Hélio e Sandra;*

— *no dia 3: Bárbara, Célio, Diogo e Hélio;*

— *no dia 4: Célio, Fernando, Marta e Sandra.*

Sabendo que em cada um desses 4 dias, dos presentes, 1 era analista de contabilidade e 3, de arquivologia; que cada um dos analistas de contabilidade esteve presente em apenas 2 dias; e que Fernando é analista de arquivologia, julgue os seguintes itens.

227) **(CESPE – Adaptada)** Todas as mulheres são analistas de arquivologia.

Gabarito: Errado.

Comentário: De acordo com as informações Sandra e Diogo só podem ser analistas de arquivologia, pois estão presentes em três dias (os de contabilidade só foram dois dias cada). Com isso, no 2º dia o analista de contabilidade é Hélio. No 3º dia Bárbara e Célio são analistas de arquivologia e, assim sendo, no 1º e no 4º dia a analista de contabilidade é Marta. Dessa forma, apenas Sandra e Bárbara são analistas de arquivologia.

228) **(CESPE – Adaptada)** Célio é analista de arquivologia.

Gabarito: Certo.

Comentário: Como Sandra e Diogo são analistas de arquivologia, no 2º dia o analista de contabilidade é Hélio. Assim, no 3º dia Bárbara e Célio são analistas de arquivologia.

229) **(CESPE – Adaptada)** Hélio é analista de contabilidade.

Gabarito: Certo.

Comentário: Sabemos que Sandra e Diogo são analistas de arquivologia. Com isso, no 2º dia, o analista de contabilidade só pode ser Hélio, pois no 3º dia Bárbara e Célio são analistas de arquivologia e, nos 1º e 4º dias, a analista de contabilidade é Marta.

Para as questões 230 a 234

Na última corrida do campeonato anual de motocicleta, participaram 8 pilotos, numerados de 1 a 8. As cores dos capacetes dos pilotos são todas diferentes. De acordo com a acumulação de pontos nas corridas anteriores, se o piloto 8 terminasse essa corrida em pelo menos duas posições à frente do piloto 3, o piloto 8 seria o campeão do ano. Encerrada a corrida observou-se que:

I – O piloto 1 chegou imediatamente depois do piloto de capacete prata e a seguir chegou o de capacete vermelho;

II – o piloto 4 venceu a corrida;

III – o piloto 3 terminou a corrida duas posições atrás do piloto 1 e uma posição a frente do piloto de capacete azul;

IV – o piloto de capacete prata cruzou a linha de chegada imediatamente após o piloto 2;

V – o piloto de capacete preto terminou a corrida em segundo lugar;

VI – o piloto de capacete verde, penúltimo colocado na prova, chegou imediatamente após o piloto 6;

VII – o piloto de capacete amarelo chegou imediatamente depois do piloto de capacete preto;

VIII – o último piloto a terminar a corrida foi o de número 5;

IX – o piloto 2 terminou a corrida duas posições à frente do piloto de capacete branco e duas depois do piloto de capacete laranja;

X – o piloto 7 terminou a corrida duas posições atrás do piloto 8.

Com base nessas informações é correto afirmar que

230) **(CESPE – Adaptada)** o piloto 1 ficou em sétimo lugar nessa corrida.

Gabarito: Errado.

Comentário: Organizando as informações:

II, V, VI, VII, VIII

Posição/Número/Cor							
1º	2º	3º	4º	5º	6º	7º	8º
4					6		5
	Preto	**Amarelo**				**Verde**	

IX (único lugar possível)

Posição/Número/Cor							
1º	2º	3º	4º	5º	6º	7º	8º
4		2			6		5
Laranja	**Preto**	**Amarelo**		Branco		Verde	

IV, I, III, X

Posição/Número/Cor							
1º	2º	3º	4º	5º	6º	7º	8º
4	8	2	7	1	6	3	5
Laranja	**Preto**	**Amarelo**	Prata	**Branco**	Vermelho	**Verde**	Azul

231) **(CESPE – Adaptada)** o piloto de capacete laranja venceu a corrida.

Gabarito: Certo.

Comentário: Organizando as informações:

II, V, VI, VII, VIII

Posição/Número/Cor							
1º	2º	3º	4º	5º	6º	7º	8º
4					6		5
	Preto	**Amarelo**				**Verde**	

IX (único lugar possível)

Posição/Número/Cor							
1º	2º	3º	4º	5º	6º	7º	8º
4		2			6		5
Laranja	**Preto**	**Amarelo**		Branco		Verde	

IV, I, III, X

Posição/Número/Cor							
1º	2º	3º	4º	5º	6º	7º	8º
4	8	2	7	1	6	3	5
Laranja	**Preto**	**Amarelo**	Prata	**Branco**	Vermelho	**Verde**	Azul

232) **(CESPE – Adaptada)** o último colocado nessa corrida foi o piloto de capacete azul.

Gabarito: Certo.

Comentário: Organizando as informações:
II, V, VI, VII, VIII

Posição/Número/Cor							
1º	2º	3º	4º	5º	6º	7º	8º
4					6		5
	Preto	**Amarelo**				**Verde**	

IX (único lugar possível)

Posição/Número/Cor							
1º	2º	3º	4º	5º	6º	7º	8º
4		2			6		5
Laranja	**Preto**	**Amarelo**		Branco		Verde	

IV, I, III, X

Posição/Número/Cor							
1º	2º	3º	4º	5º	6º	7º	8º
4	8	2	7	1	6	3	5
Laranja	**Preto**	**Amarelo**	Prata	**Branco**	Vermelho	**Verde**	Azul

233) **(CESPE – Adaptada)** o piloto 7 é o de capacete preto.
Gabarito: Errado.

Comentário: Organizando as informações:
II, V, VI, VII, VIII

Posição/Número/Cor							
1º	2º	3º	4º	5º	6º	7º	8º
4					6		5
	Preto	**Amarelo**				**Verde**	

IX (único lugar possível)

Posição/Número/Cor							
1º	2º	3º	4º	5º	6º	7º	8º
4		2			6		5
Laranja	**Preto**	**Amarelo**		Branco		Verde	

IV, I, III, X

Posição/Número/Cor							
1º	2º	3º	4º	5º	6º	7º	8º
4	8	2	7	1	6	3	5
Laranja	**Preto**	**Amarelo**	Prata	**Branco**	Vermelho	**Verde**	Azul

234) **(CESPE – Adaptada)** o piloto 8 venceu o campeonato.

Gabarito: Certo.

Comentário: Organizando as informações:

II, V, VI, VII, VIII

Posição/Número/Cor							
1º	2º	3º	4º	5º	6º	7º	8º
4					6		5
	Preto	Amarelo				Verde	

IX (único lugar possível)

Posição/Número/Cor							
1º	2º	3º	4º	5º	6º	7º	8º
4		2			6		5
Laranja	Preto	Amarelo		Branco		Verde	

IV, I, III, X

Posição/Número/Cor							
1º	2º	3º	4º	5º	6º	7º	8º
4	8	2	7	1	6	3	5
Laranja	Preto	Amarelo	Prata	Branco	Vermelho	Verde	Azul

Para as questões 235 a 237

No Festival Internacional de Campos do Jordão, estiveram presentes os músicos Carlos, Francisco, Maria e Isabel. Um deles é brasileiro, outro é mexicano, outro é chileno e outro, peruano. Um deles tem 18 anos de idade, outro, 20, outro, 21 e o outro, 23. Cada um desses músicos é especialista em um dos instrumentos: flauta, violino, clarinete e oboé. Sabe-se que Carlos não é brasileiro, tem 18 anos de idade e não é flautista; Francisco é chileno, não tem 20 anos de idade e é especialista em oboé; Maria tem 23 anos de idade e não é clarinetista; Isabel é mexicana e não é clarinetista; e o flautista tem mais de 20 anos de idade.

Com base nessas informações, julgue os itens a seguir.

235) **(CESPE – Adaptada)** Carlos é mexicano.

Gabarito: Errado.

Comentário: Organizando as informações tem-se:

Nome	País	Idade	Instrumento
Carlos		18	
Francisco	Chile		Oboé
Maria		23	
Isabel	Mexicana		

Completando as informações:

Nome	País	Idade	Instrumento
Carlos	Peru	18	Clarinete
Francisco	Chile	21	Oboé
Maria	Brasil	23	Flauta
Isabel	Mexicana	20	Violino

236) **(CESPE – Adaptada)** Isabel tem 20 anos de idade.

Gabarito: Certo.

Comentário: Organizando as informações tem-se:

Nome	País	Idade	Instrumento
Carlos		18	
Francisco	Chile		Oboé
Maria		23	
Isabel	Mexicana		

Completando as informações:

Nome	País	Idade	Instrumento
Carlos	Peru	18	Clarinete
Francisco	Chile	21	Oboé
Maria	Brasil	23	Flauta
Isabel	Mexicana	20	Violino

237) **(CESPE – Adaptada)** O flautista é brasileiro.

Gabarito: Certo.

Comentário: Organizando as informações tem-se:

Nome	País	Idade	Instrumento
Carlos		18	
Francisco	Chile		Oboé
Maria		23	
Isabel	Mexicana		

Completando as informações:

Nome	País	Idade	Instrumento
Carlos	Peru	18	Clarinete
Francisco	Chile	21	Oboé
Maria	Brasil	23	Flauta
Isabel	Mexicana	20	Violino

Para as questões 238 e 239

Uma empresa bancária selecionou dois de seus instrutores para o treinamento de três estagiários durante três dias. Em cada dia apenas um instrutor participou do treinamento de dois estagiários e cada estagiário foi treinado em dois dias. As escalas nos três dias foram: 1º dia: Ana, Carlos, Helena; 2º dia: Helena, Lúcia, Márcio; 3º dia: Ana, Carlos, Lúcia.

Considerando que um dos instrutores era mulher, julgue os itens que se seguem.

238) **(CESPE – Adaptada)** Os dois instrutores eram mulheres.

Gabarito: Errado.

Comentário: Márcio (2º dia) participa apenas uma vez, ou seja, ele tem que ser um dos instrutores, pois os estagiários foram treinados em dois dias.

239) **(CESPE – Adaptada)** Carlos era estagiário.

Gabarito: Certo.

Comentário: Sabendo que Márcio é um dos instrutores, Helena e Lúcia são estagiárias. Ana é a outra instrutora (um dos instrutores era do sexo feminino), portanto Carlos também é estagiário.

240) **(CESPE – Adaptada)** Considere que um delegado, quando foi interrogar Carlos e José, já sabia que, na quadrilha à qual estes pertenciam, os comparsas ou falavam sempre a verdade ou sempre mentiam. Considere, ainda, que, no interrogatório, Carlos disse: José só fala a verdade, e José disse: Carlos e eu somos de tipos opostos. Nesse caso, com base nessas declarações e na regra da contradição, seria correto o delegado concluir que Carlos e José mentiram.

Gabarito: Certo.

Comentário: Analisando as informações e sabendo que os comparsas ou sempre falam a verdade ou sempre mentem, e supondo que Carlos esteja falando a verdade, então José também estará falando a verdade, porém conforme José disse, ele e Carlos são de tipos opostos, o que gera uma contradição.

Dessa forma os dois só podem estar mentindo.

Uma forma de visualizar isso é montando uma tabela.

	Carlos	José
1ª opção	Falando a verdade	Falando a verdade
2ª opção	Mentindo	Mentindo

Observe que a primeira opção é contraditória, dai só resta a 2ª opção que dá os dois mentindo.

241) **(CESPE – Adaptada)** Considere que, em um pequeno grupo de pessoas – G – envolvidas em um acidente, haja apenas dois tipos de indivíduos: aqueles que sempre falam a verdade e os que sempre mentem. Se, do conjunto G, o indivíduo P afirmar que o indivíduo Q fala a verdade, e Q afirmar que P e ele são tipos opostos de indivíduos, então, nesse caso, é correto concluir que P e Q mentem.

Gabarito: Certo.

Comentário: Analisando as informações, sabendo que do grupo G as pessoas ou falam sempre a verdade ou sempre mentem e supondo que P esteja falando a verdade, então Q também estará falando a verdade. Porém, Q disse que ele e P são de tipos opostos, o que gera uma contradição.

Dessa forma, conclui-se que os dois só podem estar mentindo.

Uma forma de visualizar isso é pela seguinte tabela.

	P	Q
1ª opção	Falando a verdade	Falando a verdade
2ª opção	Falando a verdade	Mentindo
3ª opção	Mentindo	Falando a verdade
4ª opção	Mentindo	Mentindo

Observe que as 3 primeiras opções são contraditórias, assim só resta a 4ª opção, a qual nos mostra que os dois estão mentindo.

Para as questões 242 e 243

Um líder criminoso foi morto por um de seus quatro asseclas: A, B, C e D. Durante o interrogatório, esses indivíduos fizeram as seguintes declarações.

— A afirmou que C matou o líder.

— B afirmou que D não matou o líder.

— C disse que D estava jogando dardos com A quando o líder foi morto e, por isso, não tiveram participação no crime.

— D disse que C não matou o líder.

Considerando a situação hipotética apresentada acima e sabendo que três dos comparsas mentiram em suas declarações, enquanto um deles falou a verdade, julgue os itens seguintes.

242) **(CESPE – Adaptada)** A declaração de C não pode ser verdadeira.

Gabarito: Certo.

Comentário: Considerando o que cada assecla afirmou e que apenas um deles falou a verdade, existem quatro possibilidades, dentre as quais apenas uma será verdadeira. Para descobrir se a declaração de C é realmente mentira, deve-se construir a seguinte tabela:

Assecla	Afirmação	1ª possib.	2ª possib.	3ª possib.	4ª possib.
A	C matou	Verdade	Mentira	Mentira	Mentira
B	D não matou	Mentira	Verdade	Mentira	Mentira
C	A e D não mataram	Mentira	Mentira	Verdade	Mentira
D	C não matou	Mentira	Mentira	Mentira	Verdade

Analisando todas as possibilidades, se os asseclas B e D estiverem mentindo, o líder criminoso terá sido morto por dois deles, mas a questão diz que foi "morto por um", então um deles, B ou D, necessariamente terá que falar a verdade. Portanto, a declaração de C, com certeza, será mentira (não verdadeira).

243) **(CESPE – Adaptada)** D matou o líder.

Gabarito: Certo.

Comentário: Continuando a analisar a tabela e sabendo que ou B ou D falam a verdade só há duas possibilidades a considerar, a 2ª ou a 4ª.

Assecla	Afirmação	1ª possib.	2ª possib.	3ª possib.	4ª possib.
A	C matou	Verdade	Mentira	Mentira	Mentira
B	D não matou	Mentira	Verdade	Mentira	Mentira
C	A e D não mataram	Mentira	Mentira	Verdade	Mentira
D	C não matou	Mentira	Mentira	Mentira	Verdade

Pela 2ª possibilidade se C e D estiverem mentido teremos mais de um assecla matando o líder (A ou D, e C), e já sabemos que isso não pode, pois foi "morto por um".

Com isso só resta a 4ª possibilidade e como B está mentindo, então foi D quem matou o líder.

No livro Alice no País dos Enigmas, o professor de matemática e lógica Raymond Smullyan apresenta vários desafios ao raciocínio lógico que tem como objetivo distinguir-se entre verdadeiro e falso. Considere o seguinte desafio inspirado nos enigmas de Smullyan.

Duas pessoas carregam fichas nas cores branca e preta. Quando a primeira pessoa carrega a ficha branca, ela fala somente a verdade, mas, quando carrega a ficha preta, ela fala somente mentiras. Por outro lado, quando a segunda pessoa carrega a ficha branca, ela fala somente mentira, mas, quando carrega a ficha preta, fala somente verdades.

Com base no texto acima, julgue o item a seguir.

244) **(CESPE – Adaptada)** Se a primeira pessoa diz "Nossas fichas não são da mesma cor" e a segunda pessoa diz "Nossas fichas são da mesma cor", então, pode-se concluir que a segunda pessoa está dizendo a verdade

Gabarito: Certo.

Comentário: A situação é a seguinte:

1ª pessoa: "Nossas fichas não são da mesma cor"	2ª pessoa: "Nossas fichas são da mesma cor"
Ficha branca (verdade)	Ficha branca (mentira)
Ficha branca (verdade)	Ficha preta (verdade)
Ficha preta (mentira)	Ficha branca (mentira)
Ficha preta (mentira)	Ficha preta (verdade)

Analisando linha por linha da tabela, encontramos contradições nas três primeiras linhas (1ª linha: contradição da 1ª pessoa; 2ª linha: contradição da 2ª pessoa; 3ª linha: contradição da 1ª pessoa), ficando somente a quarta linha como certa, o que garante que a segunda pessoa está falando a verdade.

Simulado 1

01) **(CESPE)** As frases “Transforme seus boletos de papel em boletos eletrônicos” e “O carro que você estaciona sem usar as mãos” são, ambas, proposições abertas.

( ) Certo.

( ) Errado.

02) **(CESPE)** Considerando as proposições simples que compõem a frase “A música nos conecta a nós mesmos, aos outros e à alma do Brasil”, é correto afirmar que a tabela-verdade da proposição referente a essa frase tem 8 linhas.

( ) Certo.

( ) Errado.

03) **(FEC)** Sabemos que “Rita vai à praia ou ao cinema”. Ocorre que Rita não foi ao cinema, logo Rita também não foi à praia.

( ) Certo.

( ) Errado.

Para as questões 4 e 5

*Os conectivos **e**, **ou**, **não** e o condicional **se ...então** são, simbolicamente, representados por* $\wedge$, $\vee$, $\sim$ *e* $\rightarrow$ *respectivamente.*

*As letras maiúsculas do alfabeto, como **P**, **Q** e **R**, representam proposições. As indicações **V** e **F** são usadas para valores lógicos verdadeiro e falso, respectivamente, das proposições. Com base nessas informações, julgue os itens seguintes.*

04) **(CESPE)** A proposição “Tanto João não é norte-americano como Lucas não é brasileiro, se Alberto é francês” poderia ser representada por uma expressão do tipo $P\rightarrow[(\sim Q)\wedge(\sim R)]$.

( ) Certo.

( ) Errado.

05) **(CESPE)** A proposição $\sim(P\wedge Q)$ é equivalente à proposição$(\sim P)\vee(\sim Q)$.

( ) Certo.

( ) Errado.

06) **(CESPE)** Considerando que, além de A e B, C, D, E e F também sejam proposições, não necessariamente todas distintas, e que N seja o número de linhas da tabela-verdade da proposição$[A\rightarrow(B\vee C)]\leftrightarrow[(D\wedge E)\rightarrow F]$, então $2 \leq N \leq 64$.

( ) Certo.

( ) Errado.

07) **(VUNESP)** Uma negação lógica para a proposição a “Terra é redonda se e somente se o céu não é azul”, pode ser dada por “o céu é azul e a Terra é redonda, ou a Terra é redonda e o céu não é azul”.

( ) Certo.

( ) Errado.

08) **(CESPE)** Se a proposição $(A \rightarrow B) \vee C$ é F, então a proposição $(A \wedge B) \vee (A \wedge C)$ é V.

( ) Certo.

( ) Errado.

09) **(CESPE)** As proposições $(B \vee C) \vee \sim A$ e $[(A \rightarrow (B \vee C)]$ tem os mesmos valores lógicos, independentemente dos valores lógicos das proposições A, B e C.

( ) Certo.

( ) Errado.

10) **(ESAF)** A proposição "um número inteiro é par se, e somente se, o seu quadrado for par" equivale logicamente à proposição "se um número inteiro for par, então o seu quadrado é par, e se o quadrado de um número inteiro não for par, então o número não é par".

( ) Certo.

( ) Errado.

11) **(CESGRANRIO)** Considere verdadeira a declaração: "Se durmo cedo, então não acordo tarde". Assim, é correto concluir que "Se não acordei tarde, é porque dormi cedo".

( ) Certo.

( ) Errado.

12) **(CESGRANRIO)** A negação de "Se A é par e B é ímpar, então A + B é ímpar" é "A é par, B é ímpar e A + B é par".

( ) Certo.

( ) Errado.

13) **(VUNESP)** A negação da afirmação "uma pessoa corre e escorrega, e ela ganha velocidade" é a afirmação "Se uma pessoa corre e escorrega, então ela não ganha velocidade".

( ) Certo.

( ) Errado.

14) **(FGV)** Considerando a sentença "Se Geraldo foi à academia então Jovelina foi ao cinema" como verdadeira, é correto concluir que "Jovelina foi ao cinema e Geraldo não foi à academia" é falsa.

( ) Certo.

( ) Errado.

15) **(NUCEPE)** A negação lógica de "Se você tem um automóvel, então não precisa andar de ônibus" é "Você precisa andar de ônibus, mas tem um automóvel".

( ) Certo.

( ) Errado.

16) **(CESPE)** A negação da proposição "A ginástica te transforma ou o futebol te dá alegria" está assim corretamente enunciada: "A ginástica não te transforma nem o futebol te dá alegria".

( ) Certo.

( ) Errado.

17) **(CEPERJ)** Em uma pequena cidade, só há ônibus verdes e amarelos. Considerando a afirmação:

Qualquer ônibus verde não passa pela prefeitura

Pode-se concluir que "Todo ônibus que passa pela Prefeitura é amarelo".

( ) Certo.

( ) Errado.

Para as questões 18 e 19

Considere a seguinte proposição: "Ninguém será considerado culpado ou condenado sem julgamento." Julgue os itens que se seguem, acerca dessa proposição.

18) **(CESPE)** A proposição "Existe alguém que será considerado culpado ou condenado sem julgamento" é uma proposição logicamente equivalente à negação da proposição acima.

( ) Certo.

( ) Errado.

19) **(CESPE)** "Todos serão considerados culpados e condenados sem julgamento" não é uma proposição logicamente equivalente à negação da proposição acima.

( ) Certo.

( ) Errado.

20) **(CESPE)** Julgando-se como V a proposição "Alguns textos contêm erros de impressão", então será julgada como F a proposição "Todos os textos não contêm erros de impressão".

( ) Certo.

( ) Errado.

Simulado 2

Para as questões 1 e 2

Considere as proposições:

I – Todos os cidadãos brasileiros tem garantido o direito de herança.

II – Todos aqueles que tem direito de herança são cidadãos de muita sorte.

III – Joaquina não tem garantido o direito de herança.

Com base nessas proposições é correto afirmar que:

01) **(CESPE)** Joaquina não é cidadã de muita sorte.

( ) Certo.

( ) Errado.

02) **(CESPE)** Joaquina não é cidadã brasileira.

( ) Certo.

( ) Errado.

Uma noção básica da lógica é a de que um argumento é composto de um conjunto e de sentenças denominadas premissas e outra sentença chamada de conclusão. Um argumento é válido se, sempre que as premissas forem verdadeiras, a conclusão, necessariamente, for verdadeira. Com o auxílio dessas informações, julgue o item a seguir.

03) **(CESPE)** É válido o seguinte argumento: "O Sol é uma estrela, e toda estrela tem cinco pontas, logo o Sol tem cinco pontas".

( ) Certo.

( ) Errado.

04) **(VUNESP)** Observe o seguinte diagrama.

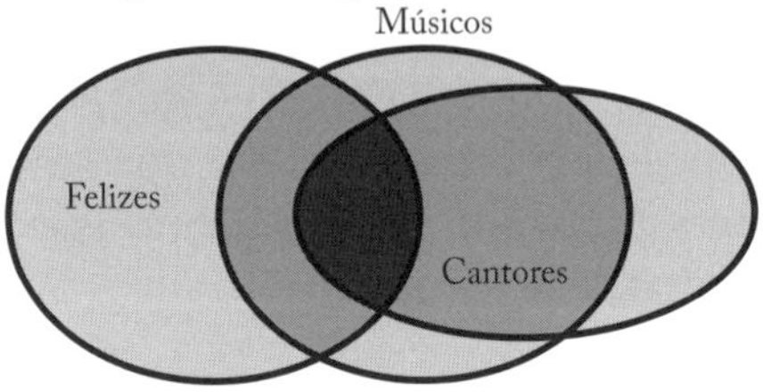

De acordo com o diagrama, pode-se afirmar que os felizes que são músicos são cantores.

( ) Certo.

( ) Errado.

05) **(CESGRANRIO)** Considere verdadeira a declaração: "Todo rondoniense conhece a cidade de Porto Velho". Com base nessa declaração, corresponde a uma argumentação correta a conclusão "Ana não é rondoniense, portanto não conhece Porto Velho".

( ) Certo.

( ) Errado.

06) **(CEPERJ)** Sabendo que alguns homens gostam de cozinhar e que, quem gosta de cozinhar vai ao supermercado, pode-se concluir corretamente que "Se um homem não vai ao supermercado, então não gosta de cozinhar".

( ) Certo.

( ) Errado.

07) **(CESPE)** "Quando Paulo estuda, ele é aprovado nos concursos em que se inscreve. Como ele não estudou recentemente, não deve ser aprovado neste concurso". Baseado nessas informações, pode-se concluir que as mesmas são proposições compostas por condicional e uma garante a outra, tornando o argumento válido.

( ) Certo.

( ) Errado.

Considere a sequência de proposições a seguir.

— A1: O concurso destina-se a selecionar candidatos a cargos dos níveis fundamental, médio e superior.

— A2: 2.700 candidatos se inscreveram para o concurso.

— A3: Nenhum candidato se inscreveu a cargos de níveis diferentes.

— A4: A quantidade de inscritos para os cargos de nível médio foi o dobro da quantidade de inscritos para os cargos de nível superior.

— A5: A quantidade de inscritos para os cargos de nível fundamental foi o triplo da quantidade de inscritos para os cargos de nível médio.

— B: Apenas 300 candidatos se inscreveram para os cargos de nível superior.

08) **(CESPE)** Nesse caso, se as proposições de A1 a A5 forem premissas verdadeiras de um argumento e se B for a conclusão, então elas constituirão um argumento válido.

( ) Certo.

( ) Errado.

09) **(CESPE)** Considere as seguintes proposições:

I – P1: Se o Brasil reduzir as formalidades burocráticas e o nível de desconfiança nas instituições públicas, eliminar obstáculos de infraestrutura e as ineficiências no trânsito de mercadorias e ampliar a publicação de informações envolvendo exportação e importação, então o Brasil reduzirá o custo do comércio exterior.

II – P2: Se o Brasil reduzir o custo do comércio exterior, aumentará o fluxo de trocas bilaterais com outros países.

III – C: Se o Brasil reduzir o nível de desconfiança nas instituições públicas, aumentará o fluxo de trocas bilaterais com outros países.

A partir dessas proposições, julgue o item seguinte a respeito de lógica sentencial.

O argumento constituído pelas premissas P1 e P2 e pela conclusão C é um argumento válido.

( ) Certo.

( ) Errado.

Para as questões 10 e 11

Em um grupo de empresas fiscalizadas são encontradas irregularidades e percebe-se que, se há irregularidades em relação pagamento de FGTS ou no pagamento de gratificações, então há erro também no pagamento de auxílio-alimentação; se há erro quanto ao pagamento do auxílio alimentação, então há erro quanto à contribuição previdenciária; se há erro quanto à contribuição previdenciária e erro quanto às gratificações, então há erro quanto ao repasse de ISS, e se não há erro quanto ao repasse do ISS, então há erro nas deduções na declaração de renda.

De acordo com o texto acima, pode-se afirmar que, no grupo de empresas pesquisadas, se não há erro quanto à contribuição previdenciária, nem quanto ao FGTS e nem quanto às deduções na declaração de renda, então podemos afirmar que:

10) **(CESPE)** Não há erro quanto ao repasse do ISS.

( ) Certo.

( ) Errado.

11) **(CESPE)** Há erro quanto ao pagamento de gratificações e quanto ao repasse do ISS.

( ) Certo.
( ) Errado.

12) **(VUNESP)** Se viajo de carro, fico cansado. Se viajo de avião, fico com medo. Ou viajo de carro ou viajo de avião. Se não viajo, fico triste. Não fiquei com medo. A partir das informações, é correto concluir que viajei e fiquei cansado.

( ) Certo.
( ) Errado.

13) **(VUNESP)** Considere as premissas a seguir.

I – Se Ana não é biblioteconomista, então Fábio é engenheiro.
II – Se Carlos é administrador, então Marta não é nutricionista.
III – Fábio não é engenheiro e Marta é nutricionista.

Uma conclusão para que, juntamente com essas três premissas, origine-se um argumento válido é "Ana é biblioteconomista e Carlos é administrador ou Carlos não é administrador e Ana não é biblioteconomista.

( ) Certo.
( ) Errado.

14) **(CESPE)** Se andar rápido fizesse bem, coelhos não morreriam cedo.

Logo, andar rápido não faz bem.
Uma premissa que deve ser incluída no argumento acima para que ele seja válido é "coelhos morrem cedo".

( ) Certo.
( ) Errado.

15) **(ALFACON)** Considerando o argumento a seguir, pode-se afirmar que o mesmo é válido.

P1: todo engenheiro é atleta.
P2: se alguém é atleta, então é engenheiro.
C: não existem atletas que não sejam engenheiros.

( ) Certo.
( ) Errado.

16) **(FAFIPA)** Lucas, Amanda e Nayara são três estudantes de Matemática, mas cada um estuda uma área diferente. Um estuda álgebra, outro estuda geometria e o outro análise. Sabe-se que:

— Amanda ou Nayara estudam álgebra, mas não ambas.
— Lucas ou Nayara estudam Geometria, mas não ambos.
— Lucas estuda álgebra ou Amanda estuda análise, mas não ocorrem as duas opções juntas.
— Nayara ou Amanda estudam análise, mas não ambas.

Com base nessas informações, é possível afirmar que Lucas, Amanda e Nayara estudam, respectivamente, geometria, álgebra e análise.

( ) Certo.
( ) Errado.

17) **(FAFIPA)** Se a única irmã do único irmão de minha mãe tem uma filha única, que se chama Maria, o que podemos afirmar sobre Maria é que ela sou eu.

( ) Certo.

( ) Errado.

18) **(QUADRIX)** Num departamento da DATAPREV, estão alocados 2 gerentes e 3 consultores. Todo cliente desse departamento é atendido por uma equipe formada por 1 gerente e 2 consultores, obrigatoriamente. As equipes que foram formadas a partir dos elementos desse departamento e que atendem a 3 diferentes clientes são as seguintes:

— CLIENTE 1: Anselmo, Bruno e Carla

— CLIENTE 2: Carla, Dilma e Eduardo

— CLIENTE 3: Anselmo, Bruno e Eduardo

A partir dessas informações feitas, podemos concluir que Eduardo é consultor.

( ) Certo.

( ) Errado.

19) **(CONSULPLAN)** Considere os seguintes dados de certo ano:

— foi ano da segunda metade do século XX;

— começou num domingo e terminou numa segunda-feira;

— a soma de seus algarismos é 22.

Dessa forma é correto afirmar que o ano em questão é 1966.

( ) Certo.

( ) Errado.

20) **(VUNESP)** Se afino as cordas, então o instrumento soa bem. Se o instrumento soa bem, então toco muito bem. Ou não toco muito bem ou sonho acordado. Afirmo ser verdadeira a frase: não sonho acordado. Dessa forma, conclui-se que as cordas não foram afinadas.

( ) Certo.

( ) Errado.

Simulado 3

01) **(IADES)** Dois colegas de trabalho tiram férias e viajam para destinos diferentes. A probabilidade de um deles ligar para o escritório onde trabalham é de 2/7, e a probabilidade de o outro ligar é de 1/6. Dessa forma a probabilidade de os dois não ligarem, de modo algum, para o escritório durante as férias será de 40/42.

( ) Certo.

( ) Errado.

02) **(CESPE)** Se, de um grupo de pessoas, formado por 15 graduados em direito, 12 graduados em arquitetura e 11 graduados em estatística, 5 forem graduados em direito e estatística; 8, em direito e arquitetura; 4, em arquitetura e estatística; e 3, em direito, arquitetura e estatística, então, nesse grupo, haverá mais de 5 pessoas graduadas somente em direito.

( ) Certo.
( ) Errado.

Sabendo-se que uma repartição possui 30 servidores, sendo 10 do sexo feminino, julgue o item abaixo.

03) **(CESPE)** A quantidade de maneiras distintas de se selecionar 5 servidores dessa repartição de forma que pelo menos 4 sejam do sexo feminino é inferior a 4.500.

( ) Certo.
( ) Errado.

04) **(FGV)** André, Bernardo e Carol ouviram certa quantidade de músicas. Nenhum deles gostou de seis músicas e os três gostaram de dez músicas. Além disso, houve doze músicas de que só André e Bernardo gostaram; nove músicas de que só André e Carol gostaram; e quatro músicas de que só Bernardo e Carol gostaram. Não houve música alguma de que somente um deles tenha gostado. O número de músicas que eles ouviram foi um número primo.

( ) Certo.
( ) Errado.

05) **(CESPE)** Considerando que, em um concurso público no qual as provas para determinado cargo constituíam-se de conhecimentos básicos (CB) e de conhecimentos específicos (CE), 430 inscritos fizeram as provas e, deles, 210 foram aprovados em CB; 230 foram aprovados em CE e apenas 16 foram aprovados nas duas provas, então, é correto afirmar que menos de 10 desses candidatos foram reprovados nas duas provas.

( ) Certo.
( ) Errado.

06) **(VUNESP)** Em uma classe, há 20 alunos que praticam futebol, mas não praticam vôlei e há 8 alunos que praticam vôlei, mas não praticam futebol. O total dos que praticam vôlei é 15. Ao todo, existem 17 alunos que não praticam futebol. O número de alunos da classe é menos de 44.

( ) Certo.
( ) Errado.

07) **(FGV)** Entre vinte policiais civis há doze homens e oito mulheres. Escolhendo, entre eles, quatro policiais civis, sendo dois homens e duas mulheres, o número total de conjuntos distintos de quatro policiais civis que se pode escolher nas condições dadas é superior a 1840.

( ) Certo.
( ) Errado.

08) **(CESGRANRIO)** A quantidade de números naturais de 5 algarismos que apresentam algarismos repetidos é de menos 62.700.

( ) Certo.

( ) Errado.

09) **(FUNCAB)** Paulo irá arrumar, lado a lado, na prateleira de seu bar, duas garrafas de vinho, três garrafas de licor e três garrafas de uísque, sendo cada garrafa de uma marca diferente. Sabendo que Paulo deseja manter juntas as garrafas que contêm o mesmo tipo de bebida, a quantidade de formas distintas que ele pode arrumar as garrafas lado a lado na prateleira é superior a 400.

( ) Certo.

( ) Errado.

Para as questões 10 a 12

Considerando que, para a fundação de um partido político, sejam necessários pelo menos 101 eleitores com domicílio eleitoral em, no mínimo, 9 das 27 unidades da Federação, e, ainda, que 10 eleitores, sendo 5 da Bahia, se reúnam para discutir a fundação de um partido político, julgue os itens a seguir.

10) **(CESPE)** Se, nessa reunião, os eleitores resolverem criar uma comissão, composta de 4 membros com, pelo menos, 2 da Bahia, para formular uma proposta de estatuto do partido, a quantidade de maneiras diferentes de se constituir essa comissão será inferior a 160.

( ) Certo.

( ) Errado.

11) **(CESPE)** Se o partido for criado com a quantidade mínima de fundadores, se cada unidade da Federação possuir, pelo menos, um eleitor fundador e se 5 desses fundadores forem da Bahia, então será possível que alguma unidade tenha mais de 20 eleitores fundadores desse partido.

( ) Certo.

( ) Errado.

12) **(CESPE)** Considerando que 5 eleitores da Bahia, fundadores do partido, viajarão de avião, de Salvador para Brasília com a finalidade de proceder ao registro do partido junto ao TSE e que, no avião, eles ocuparão as poltronas 10A, 10B, 10C, 10D e 10E, então, o número de maneiras diferentes de esses 5 eleitores ocuparem essas poltronas será inferior a 50.

( ) Certo.

( ) Errado.

13) **(CESPE)** A quantidade de anagramas distintos que podem ser construídos com a palavra EXECUTIVO e que não possuem duas vogais juntas é inferior a 1.500.

( ) Certo.

( ) Errado.

Para as questões 14 e 15

Em 2005, a ANCINE coordenou a mostra de filmes brasileiros no Ano do Brasil na França. No 17º Encontro de Cinematografia da América Latina, que ocorreu entre 11 e 20 de março de 2005, em Toulouse, foi programada a exibição de um lote de 16 filmes brasileiros de longa metragem. Considerando essas informações, julgue os itens que se seguem.

14) **(CESPE)** Se fosse exibido apenas um filme brasileiro por dia durante o encontro, sem repetição, então o número de maneiras com que poderiam ser escolhidos esses filmes seria $C_{16,10}$.

( ) Certo.

( ) Errado.

15) **(CESPE)** Suponha que as cópias de 4 desses 16 filmes estivessem com defeito. Nesse caso, a probabilidade de que 3 outras cópias, retiradas aleatória e sucessivamente desse lote de filmes, não estivessem com defeito é superior a 0,36.

( ) Certo.

( ) Errado.

16) **(FCC)** De um grupo de 200 estudantes, 80 estão matriculados em Francês, 110 em Inglês e 40 não estão matriculados nem em Inglês nem em Francês. Seleciona-se, ao acaso, um dos 200 estudantes. A probabilidade de que o estudante selecionado esteja matriculado em pelo menos uma dessas disciplinas (isto é, em Inglês ou em Francês) é superior a 90%.

( ) Certo.

( ) Errado.

A senha de um cartão de crédito possui quatro dígitos, que são algarismos entre 0 e 9, e a administradora desse cartão veda senhas em que todos os quatro algarismos sejam iguais, ou que os algarismos correspondam ao dia e mês de aniversário do titular do cartão. Por exemplo, se um indivíduo nasceu no dia 4 de março, a senha de seu cartão não pode ser 0403. É possível que diferentes cartões de crédito tenham a mesma senha. A senha é solicitada sempre que o titular realizar algum pagamento; se o portador do cartão errar ao informar a senha por três vezes consecutivas, o cartão é bloqueado imediatamente. Com base no texto acima, julgue o item a seguir.

17) **(CESPE)** Considere que um titular de cartão, nascido no dia 12 de outubro, tenha esquecido sua senha, mas lembre apenas que ela é um múltiplo de 5. Se, ao fazer um pagamento, ele inserir, a cada solicitação de senha, um número distinto, de quatro dígitos, escolhido aleatoriamente entre suas possíveis senhas, a probabilidade de ele ter seu cartão bloqueado será igual a $^{1994}/_{1997}$.

( ) Certo.

( ) Errado.

18) **(ALFACON)** Um dado é lançado 6 vezes. A probabilidade de ocorrer um 3 ou um 4 duas vezes é $^{80}/_{243}$.

( ) Certo.

( ) Errado.

19) **(ESAF)** Os registros mostram que a probabilidade de um vendedor fazer uma venda em uma visita a um cliente potencial é 0,4. Supondo que as decisões de compra dos clientes são eventos independentes, então a probabilidade de que o vendedor faça, no mínimo, uma venda em três visitas é inferior a 80%.

( ) Certo.

( ) Errado.

20) **(CESPE)** De acordo com informações apresentadas no endereço eletrônico www.trtrio.gov.br/Administrativo, em fevereiro de 2008, havia 16 empresas contratadas para atender à demanda de diversos serviços do TRT/1ª Região, e a quantidade de empregados terceirizados era igual a 681. Se, entre as 16 empresas contratadas para atender aos serviços diversos do TRT, houver 4 empresas que prestem serviços de informática e 2 empresas que cuidem da manutenção de elevadores, e uma destas for escolhida aleatoriamente para prestar contas dos custos de seus serviços, a probabilidade de que a empresa escolhida não seja prestadora de serviços de informática nem realize a manutenção de elevadores será igual a 0,625.

( ) Certo.

( ) Errado.

Simulado 4

01) **(CESPE)** A sentença "Trabalhar no TRT é o sonho de muitas pessoas e, quanto mais elas estudam, mais chances elas tem de alcançar esse objetivo" é representada corretamente pela expressão simbólica S∧T.

( ) Certo.

( ) Errado.

Considere as seguintes proposições:

— A: 6 - 1 = 7 ou 6 + 1 > 2

— B: 6 + 3 > 8 e 6 - 3 = 4

— C: 9 × 3 > 25 ou 6 × 7 < 45

— D: 5 + 2 é um número primo e todo número primo é ímpar.

02) **(CESPE)** Nesse caso, entre essas 4 proposições, apenas duas são F.

( ) Certo.

( ) Errado.

03) **(CESPE)** Se A e B são proposições, então a proposição A→(~B) só será F se A e B forem V; em qualquer outro caso, a proposição A→(~B) será sempre V.

( ) Certo.

( ) Errado.

04) **(CESPE)** A coluna da tabela-verdade da proposição composta (A→B)→[(~B)→(~A)] conterá somente valores lógicos V, independentemente dos valores lógicos de A e B.

( ) Certo.

( ) Errado.

05) **(FGV)** A afirmação "Toda pessoa gorda come muito" é equivalente a "uma pessoa come muito ou não é gorda".

( ) Certo.

( ) Errado.

Se A é a proposição "Todo bom soldado é pessoa honesta", considere as proposições seguintes:

— B: Nenhum bom soldado é pessoa desonesta.
— C: Algum bom soldado é pessoa desonesta.
— D: Existe bom soldado que não é pessoa honesta.
— E: Nenhuma pessoa desonesta é um mau soldado.

06) **(CESPE)** Nesse caso, todas essas 4 últimas proposições podem ser consideradas como enunciados para a proposição ~A.

( ) Certo.

( ) Errado.

07) **(VUNESP)** Considerando a afirmação: "Alguns gatos não são pardos, e aqueles que não são pardos miam alto"; uma afirmação que corresponde a uma negação lógica da afirmação anterior é "Todos os gatos são pardos ou os gatos que são pardos não miam alto".

( ) Certo.

( ) Errado.

08) **(ESAF)** Ana está realizando um teste e precisa resolver uma questão de raciocínio lógico. No enunciado da questão, é afirmado que: "todo X1 é Y. Todo X2, se não for X3, ou é X1 ou é X4". Após, sem sucesso, tentar encontrar uma solução para o teste, ela escuta alguém, acertadamente, afirmar que: não há X3 e não há X4 que não seja Y. A partir disso, Ana conclui, corretamente, que todo X2 é Y.

( ) Certo.

( ) Errado.

Considerando as premissas a seguir:

— P1: Se João joga futebol, então Maria não gosta de guaraná.
— P2: Maria gosta de guaraná ou Paulo não estuda todo dia.
— P3: Paulo não estuda todo dia se, e somente se, Carlos grita de manhã.
— P4: Carlos não grita de manhã e Roberto não é flamenguista.

09) **(FJG – Rio)** É correto afirmar que "Se João não joga futebol, então Paulo estuda todo dia" é uma conclusão que torna o argumento válido.

( ) Certo.

( ) Errado.

10) **(CESPE)** Em uma investigação, um detetive recolheu de uma lixeira alguns pedaços de papéis semidestruídos com o nome de três pessoas: Alex, Paulo e Sérgio. Ele conseguiu descobrir que um deles tem 60 anos de idade e é pai dos outros dois, cujas idades são: 36 e 28 anos. Descobriu, ainda, que Sérgio era advogado, Alex era mais velho que Paulo, com diferença de idade inferior a 30 anos, e descobriu, também, que o de 28 anos de idade era médico e o outro, professor. Com base nessas informações, é correto afirmar que Alex tem 36 anos de idade, Paulo é médico.

( ) Certo.

( ) Errado.

11) **(CESPE)** Em um tribunal, todos os 64 técnicos administrativos falam inglês e(ou) espanhol; 42 deles falam inglês e 46 falam espanhol. Nessa situação, 24 técnicos falam inglês e espanhol.

( ) Certo.

( ) Errado.

12) **(CESPE)** Em determinada delegacia, há 10 celas iguais e 8 presidiários. Nesse caso, há mais de 1.800.000 maneiras diferentes de se colocar um presidiário em cada cela.

( ) Certo.

( ) Errado.

Para as questões 13 a 15

Considere o texto abaixo, a respeito de dez alunos, em que cada um recebeu uma camiseta, e cada camiseta tinha uma única cor.

— *Cinco meninos; três cores.*

— *Cinco meninas; quatro cores.*

— *Equipes formadas,*

— *Expectativas geradas,*

— *De glória ou dores.*

Com base nas informações acima, julgue os itens que se seguem.

13) **(CESPE)** Considere que três alunos tenham camisetas azuis, três tenham camisetas brancas, dois tenham camisetas vermelhas, um tenha camiseta verde e um tenha camiseta preta. Nessas condições, existem $72 \times 5!$ maneiras diferentes de se colocarem os dez alunos em fila, de tal forma que alunos com camisetas de mesma cor fiquem sempre juntos.

( ) Certo.

( ) Errado.

14) **(CESPE)** Se três meninos trocarem de camisetas com três meninas, então, após a troca, as chances de dois meninos terem camisetas de cores iguais será de 100%.

( ) Certo.

( ) Errado.

15) **(CESPE)** Considerando que as camisetas sejam de apenas cinco cores diferentes, então, a probabilidade de três alunos terem camisetas da mesma cor será igual a 1.

( ) Certo.

( ) Errado.

16) **(FGV)** Em votações abertas na Assembléia Legislativa, os deputados X, Y e Z votam em sequência. Sabe-se que os deputados Y e Z, na hora de votar, tem 60% de probabilidade de acompanhar o voto do deputado que votou imediatamente antes de cada um deles. Em uma determinada votação aberta, o deputado X votou a favor da proposta em votação. A probabilidade de o deputado Z também votar a favor da proposta em votação é 21,6%.

( ) Certo.

( ) Errado.

Para as questões 17 e 18

Uma prova com apenas três questões foi aplicada para 210 candidatos. Após a correção de todas as provas, verificou-se que:

— *90 candidatos acertaram a 1ª questão;*

— *110 acertaram a 2ª questão;*

— *47 acertaram a 3ª questão;*

— *18 acertaram apenas a 3ª questão;*

— *29 acertaram apenas a 2ª questão;*

— *15 acertaram as três questões;*

— *todos que acertaram a 3ª questão e a 1ª questão acertaram também a 2ª.*

17) **(FJG – Rio)** A quantidade de candidatos que errou todas as questões é superior a dos candidatos que acertaram apenas 2 questões.

( ) Certo.

( ) Errado.

18) **(FJG – Rio)** Escolhendo um candidato aleatoriamente, a chance de ele ter acertado apenas uma das questões é igual a 1/3.

( ) Certo.

( ) Errado.

19) **(VUNESP)** Os doutores de Barsan são médicos, advogados ou engenheiros, mas nunca são os três ao mesmo tempo. São 8 os engenheiros que também são advogados, e um a menos do que esses 8 são os médicos que também são engenheiros. Três doutores são especialistas em apenas uma das áreas, um em cada uma das áreas. Sabendo-se que em Barsan há 27 doutores, o número de advogados supera o número de engenheiros em 2.

( ) Certo.

( ) Errado.

20) **(VUNESP)** Ainda com relação ao enunciado da questão anterior, para formar uma comissão com 3 doutores, um de cada área, existem pelo menos 4.000 possibilidades.

( ) Certo.

( ) Errado.

Anotações

Anotações

Gabaritos

Simulado 1

01) Errado.

Comentário: Proposições abertas (sentenças abertas são aquelas em que o sujeito não é definido. Na questão, há uma sentença imperativa e uma exclamativa (apesar de não aparecer o sinal de exclamação no fim da frase).

02) Certo.

Comentário: Dividindo a proposição composta, têm-se 3 proposições simples. A tabela-verdade, desse modo, terá 8 linhas.

03) Errado.

Comentário: Se o conectivo empregado é o OU, Rita só não pode deixar de ir aos dois lugares. Como ela não foi ao cinema, necessariamente ela deverá ir à praia.

04) Certo.

Comentário: Reescrevendo a proposição fica: "Se Alberto é francês, então João não é norte-americano e Lucas não é brasileiro" o que, simbolicamente, fica de acordo com o enunciado.

05) Certo.

Comentário: A negação da conjunção (e) é uma disjunção (ou), além da negação das proposições simples.

06) Certo.

Comentário: Como as proposições "não necessariamente são todas distintas" o valor de N pode variar entre 2 (2^1) e 64 (2^6), uma vez que o número de linhas da tabela-verdade é 2^n, cujo n = número de proposições simples distintas.

07) Errado.

Comentário: Separando o bicondicional em dois condicionais e fazendo a negação, teríamos:

$A \leftrightarrow \sim B = (A \rightarrow \sim B) \wedge (\sim B \rightarrow A)$

$\sim[(A \rightarrow \sim B) \wedge (\sim B \rightarrow A)] = (A \wedge B) \vee (\sim B \wedge \sim A)$ = o céu é azul e a Terra é redonda, ou a Terra não é redonda e o céu não é azul.

08) Errado.

Comentário: A disjunção só é falsa quando as proposições que a compõem são falsas, assim C = F e $(A \rightarrow B)$ = F; o condicional só é falso quando o antecedente é verdadeiro e o consequente é falso, então A = V e B = F. Dando valor à proposição: $(A \wedge B) \vee (A \wedge C)$ fica:

$(A \wedge B) \vee (A \wedge C)$

$(V \wedge F) \vee (V \wedge F)$

$F \vee F = F$

09) Certo.

Comentário: Uma das equivalências do condicional é com a disjunção:

$P \rightarrow Q = \sim P \vee Q$, aplicando os dados da questão fica:

$[(A \rightarrow (B \vee C)] = \sim A \vee (B \vee C)$

A disjunção aceita a equivalência recíproca, logo:

$\sim A \vee (B \vee C) = (B \vee C) \vee \sim A$

10) Errado.

Comentário: Uma das equivalências do A↔B é (A→B)∧(B→A); já o enunciado afirma que a equivalência do A↔B é (A→B)∧(~B→~A), ou seja, um erro.

11) Errado.

Comentário: Nesta questão, deseja-se saber se as duas proposições são equivalentes; simbolizando a informação fica:

P→Q ≠ Q→P.

12) Certo.

Comentário: Simbolizando o que foi dito, tem-se:

(P∧Q) → R

Para negar o condicional basta manter o antecedente e negar o consequente.

~(M→N) = M∧~N

Logo:

~ [(P∧Q)→R] = P∧Q∧~R

Ou seja:

A é par e B é impar e A + B não é impar (não é impar = é par).

13) Certo.

Comentário: Da forma como a proposição foi enunciada sua representação ficaria (C∧E)∧G e a negação disso seria (~C∨~E)∨~G, que, transformado num condicional fica (C∧E)→~G.

14) Errado.

Comentário: Deseja-se saber a negação do condicional, que é uma conjunção, em que se mantém o antecedente e nega-se apenas o consequente, porém a questão negou o antecedente e manteve o consequente, ainda que numa conjunção.

15) Certo.

Comentário: A negação do condicional é uma conjunção em que se mantém o antecedente e nega-se apenas o consequente. Lembrando que na conjunção a troca de posição das proposições em nada a altera.

16) Certo.

Comentário: Para negar a disjunção basta transformar numa conjunção e negar as proposições, o que acontece na questão, uma vez que o "nem" = "e não".

17) Certo.

Comentário: "Qualquer ônibus verde não passa pela prefeitura" quer dizer que "NENHUM ônibus verde passa pela prefeitura", e como na cidade só há ônibus verdes e amarelos, então os que passarem pela prefeitura serão amarelos.

18) Certo.

Comentário: A negação do Nenhum A é B (ninguém) é o Algum A é B (alguém).

19) Certo.

Comentário: A negação do Nenhum A é B (ninguém) é o Algum A é B (alguém).

20) Certo.

Comentário: Nesta questão deseja-se saber a negação da proposição "Alguns textos contêm erros de impressão", que é "Nenhum texto contêm erros de impressão", que, por sua vez, equivale a "Todos os textos não contêm erros de impressão".

Simulado 2

01) Errado.

Comentário: Representadas as proposições não se tem como garantir que Joaquina é ou não uma mulher de sorte.

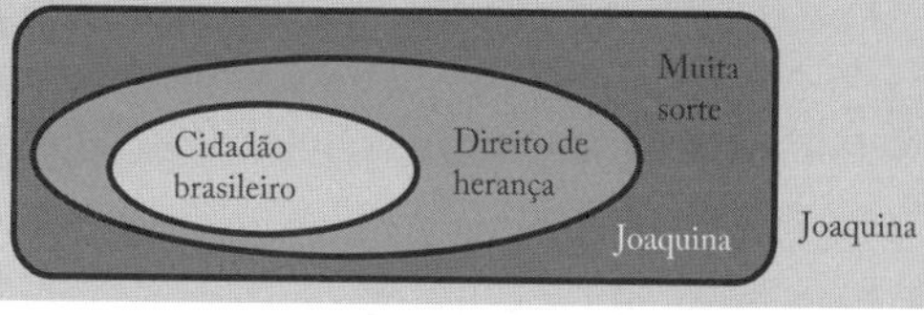

02) Certo.

Comentário: Representadas as proposições é certo (garantido) que Joaquina não é uma cidadã brasileira.

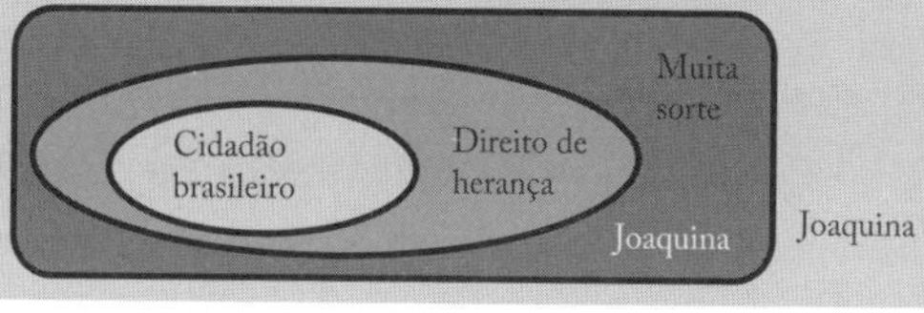

03) Certo.

Comentário: Se toda estrela tem 5 pontas e o sol é uma estrela, então ele tem 5 pontas, veja:

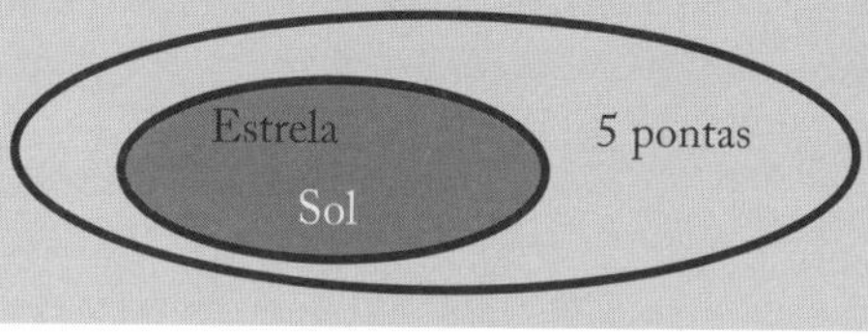

04) Errado.

Comentário: Observe que existe um espaço entre os músicos e felizes e cantores, e, nesse espaço, os felizes que são músicos não são cantores.

05) Errado.

Comentário: Representando o que foi dito, tem-se:

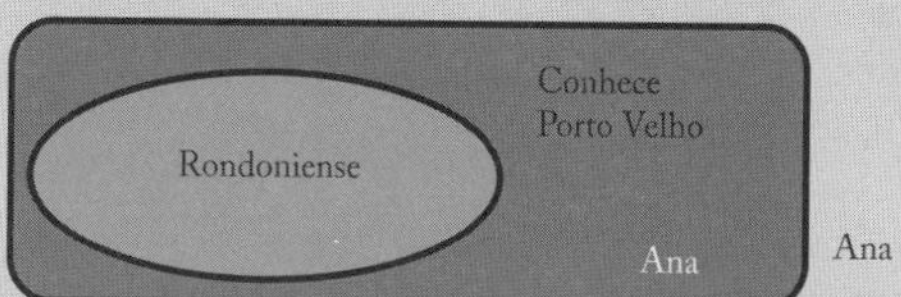

Veja que o fato de não ser rondoniense, nada garante em conhecer, ou não, Porto Velho.

06) Certo.

Comentário: Representado as premissas e julgando a conclusão tem-se:

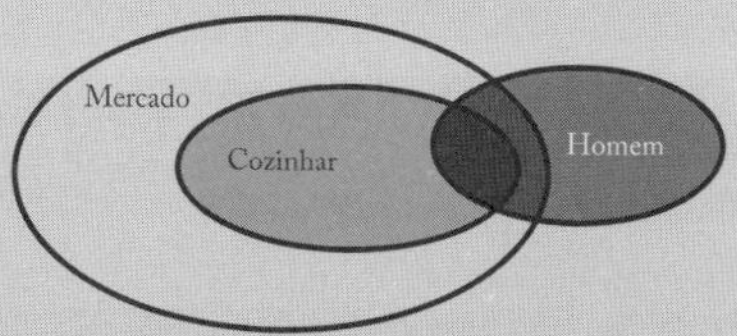

Logo, a questão está CERTA.

07) Errado.

Comentário: COMO e QUANDO são sinônimos de condicionais, mas não existe garantia de uma proposição para a outra, ou seja, argumento inválido.

08) Certo.

Comentário: Se 300 candidatos se inscreveram para o cargo de nível superior, então 600 candidatos se inscreveram para o cargo de nível médio e 1800 para o cargo de nível fundamental, o que dá exatamente o total de 2700 inscritos.

09) Errado.

Comentário: Representando e validando o argumento pelo método da conclusão falsa, fica:

P1: $(B \wedge D) \wedge (O \wedge T) \wedge A \rightarrow R$

P2: $R \rightarrow X$

C: $D \rightarrow X$

Como D = V e X = F, R = F, as proposições B, O, T e A não terão valores definidos. Logo, o argumento é inválido.

10) Errado.

Comentário: Simbolizando e resolvendo o argumento pelo método das premissas verdadeiras, fica:

P1: $A \vee B \rightarrow C$

P2: $C \rightarrow D$

P3: $D \wedge B \rightarrow E$

P4: $\sim E \rightarrow G$

P5: $\sim D \wedge \sim A \wedge \sim G$

C: $\sim E$

Considerando ~D = V, ~A = V e ~G = V, segue que ~E = F

11) Errado.

Comentário: Simbolizando e resolvendo o argumento pelo método das premissas verdadeiras, fica:

P1: $A \vee B \rightarrow C$

P2: $C \rightarrow D$

P3: $D \wedge B \rightarrow E$

P4: $\sim E \rightarrow G$

P5: $\sim D \wedge \sim A \wedge \sim G$

C: $B \wedge E$

Considerando ~D = V, ~A = V e ~G = V, segue C = F e B = F.

12) Certo.

Comentário: Se não fiquei com medo, não viajei de avião, com isso, viajei de carro e fiquei cansado.

13) Errado.

Comentário: Ao trabalhar o argumento pelo método das premissas verdadeiras (as quais têm uma conjunção nas premissas), a conclusão ficará falsa. Logo, o argumento é inválido.

14) Certo.

Comentário: Se "coelhos morrem cedo" é verdadeiro, o consequente do condicional fica falso obrigando o antecedente a ficar também e, com isso, a conclusão é "andar rápido não faz bem", tornando o argumento válido.

15) Certo.

Comentário: Da forma que o argumento foi enunciado, o conjunto dos engenheiros é igual ao dos atletas.

16) Errado.

Comentário: Como são várias disjunções exclusivas, se considerar Amanda fazendo álgebra (1ª afirmação), então Lucas também terá que fazer álgebra (3ª afirmação), o que já estaria errado. Com isso, Nayara estuda álgebra (1ª afirmação), Lucas geometria (2ª afirmação) e Amanda, análise (3ª e 4ª afirmações).

17) Certo.

Comentário: Graficamente:

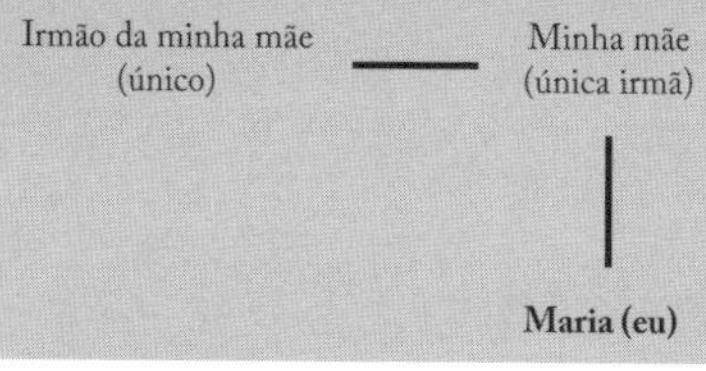

18) Certo.

Comentário: Analisando todas as possibilidades, não podemos afirmar nada de Anselmo nem de Bruno, pois eles podem ser tanto consultor como gerente. Carla não pode ser gerente já que, se isso ocorresse, teríamos, para o terceiro cliente, 3 consultores. Eduardo só pode ser consultor já que, se o mesmo for gerente, o primeiro cliente teria 3 consultores. Já Dilma, só pode ser gerente. Basta analisar as possibilidades de acordo com as equipes.

19) Errado.

Comentário: Para que um ano comece em um dia da semana e termine no dia seguinte, é preciso que ele seja bissexto (os anos não bissextos começam e terminam no mesmo dia da semana). Anos bissextos são apenas anos pares e múltiplos de 4, porém o 1966 não é múltiplo de 4.

20) Certo.

Comentário: Trabalhando o argumento:

$A \rightarrow B$

$B \rightarrow T$

$\sim T \vee S$

$\sim S$

Como $\sim S = V$, $S = F$ e $\sim T = V$, com isso $T = F$ e $B = F$ e $A = F$.

Simulado 3

01) Errado.

Comentário: Para que pelo menos um deles ligue para escritório, a probabilidade é:

$P = 2/7 + 1/6 - 2/42 = 17/42$, com isso, para que os dois não liguem, de modo algum, a probabilidade é:

$P = 1 - 17/42 = 25/42$

02) Errado.

Comentário: Representado o conjunto com as informações do texto, fica:

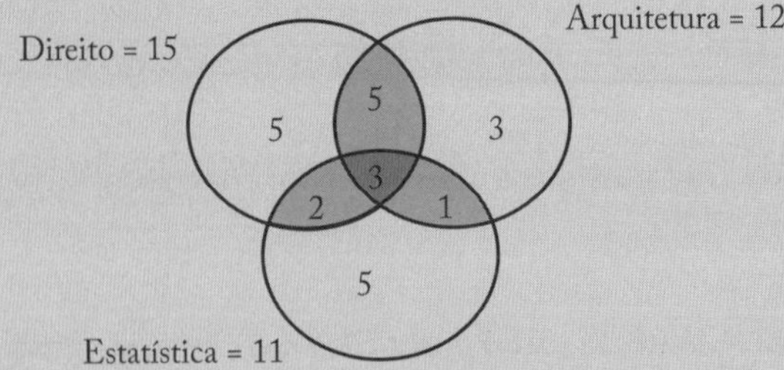

Veja que não são mais de cinco formados em direito, e sim exatamente cinco.

03) Certo.

Comentário: Se são pelo menos 4 mulheres, tem-se como opção:

4 mulheres E 1 homem OU 5 mulheres:

$C_{10,4} \times C_{20,1} + C_{10,5}$

$210 \times 20 + 252 = 4.200 + 252 = 4.452.$

04) Certo.

Comentário: Representado:

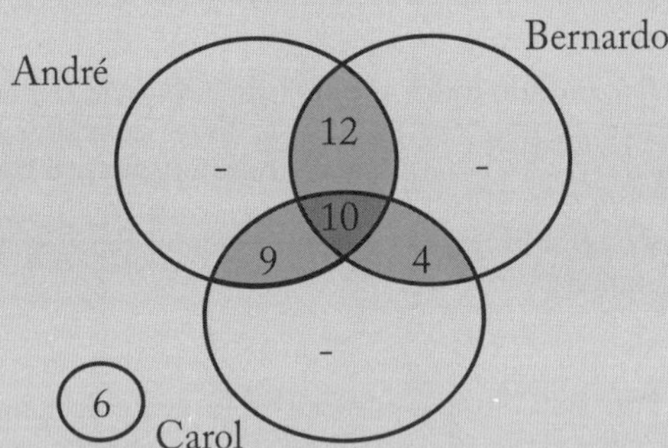

Total de 41 músicas (41 é um número primo).

05) Certo.

Comentário: Representando a situação, fica:

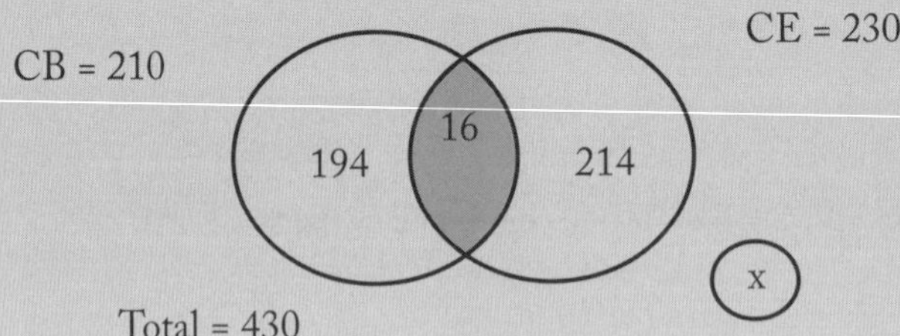

Calculando:

$194 + 214 + 16 + X = 430$

$X = 430 - 424$

$X = 6$

06) Errado.

Comentário: Representando os conjuntos, observa-se que o número de alunos da classe é igual a 44 (20+7 = 27 no futebol; 8+7 = 15 no vôlei; e 8+9 = 17 que não praticam futebol. Somando tudo fica: 20 + 7 + 8 + 9 = 44).

07) Certo.

Comentário: Os homens só podem ser escolhidos entre os homens e as mulheres entre as mulheres. Como os dois policiais não podem ser a mesma pessoa e a ordem dessa escolha não altera o grupo, o cálculo é de combinação: $C_{12,2} \times C_{8,2} = 66 \times 28 = 1848$

08) Errado.

Comentário: O total de números com 5 algarismos é 90.000; os que apresentam todos os dígitos distintos são 27.216. Do total, se forem retirado os números que têm todos os algarismos distintos, o que sobrar terá, pelo menos, dois algarismos repetidos, o que resulta em um valor igual a 62.784.

09) Errado.

Comentário: Como todas as garrafas são de marcas diferentes, a ordem delas na prateleira faz diferença quando elas são organizadas. Como Paulo quer que o mesmo tipo de bebida fique junto, tem-se uma conta de PERMUTAÇÃO (serão usadas TODAS as garrafas na arrumação), que fica:
P2 (dois vinhos) × P3 (três licores) × P3 (três uísques) × P3 (três tipos de bebidas: vinho/licor/uísque) =
$2! \times 3! \times 3! \times 3! =$
$(2 \times 1) \times (3 \times 2 \times 1) \times (3 \times 2 \times 1) \times (3 \times 2 \times 1) =$
$2 . 6 . 6 . 6 = 432$.

10) Certo.

Comentário: Usando a fórmula da Combinação, calcula-se
C5,2 e C5,2 ou C5,3 e C5,1 ou C5,4
$10 \times 10 + 10 \times 5 + 5 = 100 + 50 + 5 = 155$

11) Certo.

Comentário: Primeiramente, para resolver este exercício, deve-se saber a quantidade total de eleitores:
1 para cada estado = 26 eleitores
5 da Bahia
26 + 5 = 31 eleitores
Como o mínimo de eleitores no geral tem que ser de 101, a diferença, que é 80 eleitores (101 – 31 = 80), pode estar em qualquer lugar e em qualquer quantidade.

12) Errado.

Comentário: Como são 5 eleitores e 5 lugares, e sabendo que a ordem em que se senta nas poltronas faz diferença (sentar na janela não é a mesma coisa de sentar no corredor), o cálculo é de permutação:
$P_5 = 5! = 120$.

13) Certo.

Comentário: Para não ter duas vogais juntas, a distribuição das letras deve ser:
vogal, consoante, vogal, consoante, vogal, consoante, vogal, consoante, vogal
Dessa forma, para as vogais tem-se permutação de 5 com repetição de 2 (os dois "E") e permutação de 4 para as consoantes. Calculando:
$P_5^2 \times P_4 = 60 \times 24 = 1.440$

14) Errado.

Comentário: A ordem dos filmes importa e, como já foi dito que não há repetição, calcula-se como ARRANJO:

$$A_{16,10} = \frac{16!}{6!}$$

15) Certo.

Comentário: Se 4 cópias apresentam defeito, então 12 não têm, e a probabilidade de serem retirados 3 filmes aleatoriamente sem defeito é:

$P = 12/16 \cdot 11/15 \cdot 10/14 = 11/28 = 0{,}39.$

16) Errado.

Comentário: Quem está matriculado em pelo menos uma disciplina são 160 pessoas (200 – 40 = 160), e, calculando a probabilidade, fica: $P = 160/200 = 80\%$.

17) Certo.

Comentário: O total de senhas possíveis para essa pessoa é de:
10 × 10 × 10 × 2 (múltiplo de 5 termina em 0 ou em 5, por isso, há só duas opções para o último algarismo) = 2.000 – 3 (não podem ser as senhas 5555, 0000 e 1210) = 1.997.
Para ter o cartão bloqueado, é necessário errar a senha 3 vezes e a chance disso acontecer é de:

$$\frac{1996}{1997} \times \frac{1995}{1996} \times \frac{1994}{1995} = \frac{1994}{1997}$$

18) Certo.

Comentário: Para sair um 3 ou um 4 a probabilidade é de 2/6 e de não sair um 3 ou um 4 a probabilidade é de 4/6. Assim, calcula-se:
2/6 (sair 3 ou 4)
4/6 (não sair 3 ou 4)
15 (como não sabemos em que lançamento o 3 ou o 4 vai sair, temos um total de 15 possibilidades nos 6 lançamentos):
$2/6 \times 2/6 \times 4/6 \times 4/6 \times 4/6 \times 4/6 \times 15 =$
$1/3 \times 1/3 \times 2/3 \times 2/3 \times 2/3 \times 2/3 \times 15 =$
$240/729 = 80/243$

19) Certo.

Comentário: Calculando a probabilidade de ele não fazer nenhuma venda, fica: P = 0,6 × 0,6 × 0,6 = 0,216 ou 21,6%. Lembrando que se a probabilidade de ele vender é 0,4 a de não vender é 0,6. Do todo (100%), se for retirada a chance de ele não vender nada, o que sobrar terá pelo menos uma venda, o que representa 78,4%.

20) Certo.

Comentário: Calculada a probabilidade das empresas serem prestadoras dos serviços de informática OU realizarem a manutenção dos elevadores, encontramos:

$P = 4/16 + 2/16 = 0{,}25 + 0{,}125 = 0{,}375$

Do total de escolhas possíveis, se for retirada essa probabilidade, fica:

P = 1 – 0,375 = 0,625 (a probabilidade de determinado evento ocorrer somada à probabilidade de ele NÃO ocorrer sempre será igual a 1 ou 100% - probabilidade complementar).

Simulado 4

01) Errado.

Comentário: A correta representação seria $S \wedge (T \rightarrow X)$.

02) Certo.

Comentário: A = V pois 6+1>2 e o conectivo utilizado foi o "ou". C = V, pois 9 × 3 = 27>25 e o conectivo utilizado também foi o "ou". B e D são FALSAS, já que 6 – 3 = 3 e existe um número primo par, e a conjunção só é verdadeira quando tudo for verdadeiro.

03) Certo.

Comentário: Se B = V, então ~B = F, e no condicional se o antecedente é verdadeiro e o consequente é falso o condicional será falso.

04) Certo.

Comentário: A→B é equivalente a ~B→~A, logo V→V = V e F→F = V.

05) Certo.

Comentário: Toda pessoa gorda come muito = Se uma pessoa é gorda, então ela come muito = Uma pessoa não é gorda ou ela come muito.

06) Errado.

Comentário: NENHUM não é negação de TODO.

07) Errado.

Comentário: A correta negação seria "Todos os gatos são pardos ou os gatos que não são pardos não miam alto".

Obs.: lembre-se de que a negação é da ação, não das características.

08) Certo.

Comentário: Após a afirmação que ela escutou, tem-se a seguinte representação (existem variações, mas todas dentro de Y):

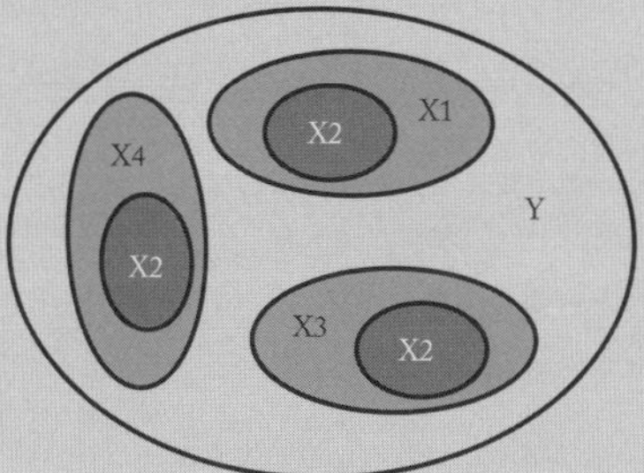

Veja que, de qualquer forma, todo X2 será Y.

09) Certo.

Comentário: Simbolizando e resolvendo, pelo método das premissas verdadeiras:

P1: J → ~M

P2: M ∨ ~P

P3: ~P ↔ C

P4: ~C ∧ ~R

C: ~J → P

Fazendo: ~C = V (C = F) e ~R = V, tem-se ~P = F (P = V), M = V (~M = F) e J = F, com isso a conclusão: ~J→P = V→V = V.

Como as premissas são todas verdadeiras e a conclusão também é verdadeira, o argumento é válido.

10) Certo.

Comentário: Organizando as informações, fica:

Inicialmente:

Sérgio – advogado

Alex – 60 ou 36

Paulo – 36 ou 28

Depois (observando a diferença de idade e vendo que o médico tem 28 anos):

Sérgio – advogado – 60 anos

Alex – 36 anos – professor

Paulo – 28 anos – médico.

11) Certo.

Comentário: Calculando:

$n(A \cup B) = n(A) + n(B) - n(A \cap B)$

$64 = 42 + 46 - X$

$X = 88 - 64 = 24$

12) Certo.

Comentário: Escolhendo as celas, tem-se:

$C_{10,8} = \frac{10!}{8! \times 2!} = 45$

Agora, colocando todos os presos nessas celas escolhidas, fica:

$P_8 = 8! = 40.320$

Juntando as celas e os presos:

$45 \times 40.320 = 1.814.400$

13) Certo.

Comentário: Para organizar os três de camisa azul, há 6 opções ($P_3 = 3! = 6$), o mesmo para os de camiseta branca; para os de camiseta vermelha são 2 opções ($P_2 = 2! = 2$); e, para organizar as 5 cores, tem-se 5! ($P_5 = 5!$) possibilidades; agora juntando pessoas E cores, fica:

$6 \times 6 \times 2 \times 5! = 72 \times 5!$

14) Errado.

Comentário: Nada garante isso, pois as três cores dos meninos podem ser todas diferentes das cores das camisetas das meninas.

Obs.: o enunciado da questão anterior não se aplica a essa.

15) Certo.

Comentário: Mostrando as possibilidades:

Meninos: A, A, B, B, C

Meninas: B, C, D, E, E

Obs.: mesmo que variem as opções, serão 3 pessoas com a mesma cor de camiseta.

16) Errado.

Comentário: Se X votou a favor, então a chance de Y votar a favor será de 60% e a de Z votar a favor será de 60% × 60% = 36%. Se X votou a favor, a chance de Y ser contra será de 40% e de Z votar contrário a Y – igual a X – será de 40% × 40% = 16%. Logo, a chance de Z votar igual a X é de 36% + 16% = 52%.

17) Errado.

Comentário: Representando as informações:

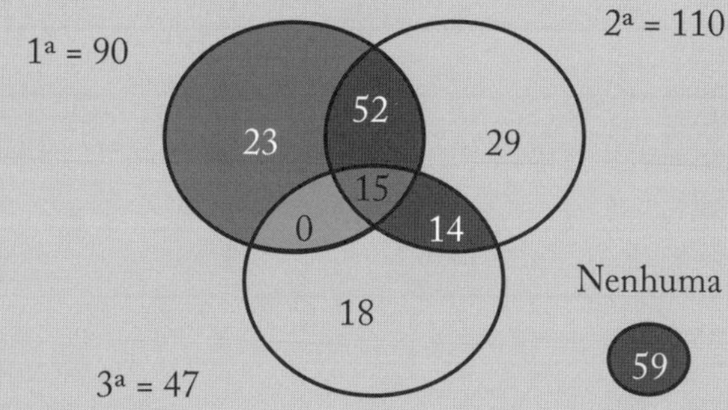

Erraram todas = 59, acertaram apenas 2 = 52+14 = 66

Obs.: a última informação do enunciado: todos que acertaram a 3ª questão e a 1ª questão acertaram também a 2ª; determina "zero" da 1ª e 3ª questão.

18) Certo.

Comentário: Conforme a representação anterior, acertaram apenas 1 questão 70 candidatos (23 + 29 + 18 = 70); calculando a probabilidade:

P= $^{70}/_{210}$ = ⅓.

19) Certo.

Comentário: Representando as informações:

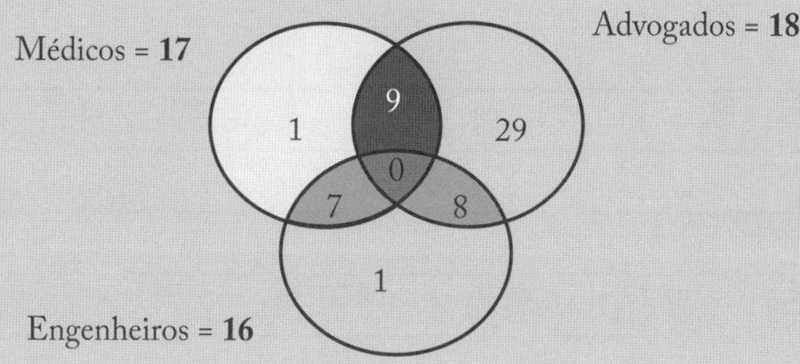

Veja que os advogados são 18 e os engenheiros são 16.

20) Errado.

Comentário: Existe apenas 1 possibilidade, pois 1 de cada área só tem 1, os outros são de duas áreas.

Anotações

Anotações

Parabéns!

Está disponível para você um código.
Para utilizá-lo, é preciso estar cadastrado no site
www.alfaconcursos.com.br

Com ele será possível acessar:

Videoaulas **ON-LINE GRATUITAS***
de assuntos diversificados.

Aproveite para continuar seus estudos com o
preparatório que mais aprova no **Brasil**.

Entre agora no site:
http://www.alfaconcursos.com.br/codigo
e utilize gratuitamente esse código.

* Acesso disponível por um ano.
* Cada videoaula pode ser visualizada 5 (cinco) vezes.

Código para acesso on-line:
LRLM AHBACABE